Exklusiv für Buchkäuferinnen und -käufer:

Aktualisierungsservice

Wichtige inhaltliche Aktualisierungen findest du hier:

 http://mybook.haufe.de/

 Buchcode: YJN-8345

# 100 Steuertipps und -tricks

Simon Neumann

# 100 Steuertipps und -tricks

## Einfach Steuern sparen

1. Auflage

Haufe Group
Freiburg · München · Stuttgart

**Bibliografische Information der Deutschen Nationalbibliothek**

Die Deutsche Nationalbibliothek verzeichnet diese Publikation in der Deutschen Nationalbibliografie; detaillierte bibliografische Daten sind im Internet über http://dnb.dnb.de abrufbar.

**Print**: ISBN 978-3-648-15996-5   Bestell-Nr.: 13038-0001
**ePDF**: ISBN 978-3-648-15998-9   Bestell-Nr.: 13038-0150

Simon Neumann
**100 Steuertipps und -tricks**
1. Auflage, Februar 2022

© 2022 Haufe-Lexware GmbH & Co. KG, Freiburg
www.haufe.de
info@haufe.de

Bildnachweis (Cover und Fotos Innenteil): Julian Miller
Produktmanagement: Anne Rathgeber

Die Angaben entsprechen dem sorgfältig recherchierten Wissensstand bei Redaktionsschluss im Januar 2022.

# Inhaltsverzeichnis

## Rund ums Wohnen 31

## Werbungskosten: Unser Helfer beim Steuern sparen 35

## Außergewöhnliche Belastungen: Wenigstens absetzen! 61

## Versicherungen 65

## Geldanlage und private Altersvorsorge 71

## Studium, Ausbildung und Fortbildung 83

## Kind(er) und die Steuer 92

## Selbstständige, Freiberufler und Gewerbebetriebe 101

## Schlusswort – Mein Wunsch an Dich 119

# Vorwort

Liebe Leserin, lieber Leser,

vor knapp 16 Jahren stand ich das erste Mal vor der Aufgabe, mich mit der Steuererklärung zu befassen. Ich kam direkt aus der Ausbildung, machte mich voller Vorfreude selbstständig und traf nun auf die vielen Vorschriften und Steuergesetze, die zwar jeden von uns umgeben, die aber kaum jemand versteht. Mein Umfeld konnte mir kaum weiterhelfen und mehr als ein paar Binsenweisheiten und Verallgemeinerungen zu meiner Lösung in Sachen Steuern beitragen. Zu dieser Zeit drängte sich mir zunehmend die Frage auf, warum eigentlich bei zwei so wichtigen Themen wie Steuererklärung und Steuern sparen, die meisten Menschen keine Lust haben, sich damit zu befassen.

Wir verbringen unzählige Stunden unseres Lebens damit, zu arbeiten und Geld zu verdienen, aber nur ganz wenig Zeit (wenn überhaupt) damit, unsere finanzielle Situation zu verbessern und uns das Geld zurückzuholen, das wir möglicherweise in Form von Steuern zu viel gezahlt haben. Statt also die Steuererklärung als lästige Aufgabe zu sehen, die uns einmal im Jahr quälen möchte und von der wir am liebsten die Finger lassen würden, sollten wir sie als unser Recht und eine Chance verstehen.

Du bist zum Glück einen ersten Schritt in diese Richtung gegangen, und dazu möchte ich dir gratulieren! Wenn in diesem Buch nur vier, fünf, sechs oder ein paar mehr Tipps für dich dabei sind, die du zukünftig nutzen kannst, um eine höhere Steuererstattung zu erhalten, oder du dadurch generell Zeit und Geld bei deiner Steuererklärung sparst, dann habe ich mein Ziel erreicht. Dieses Buch soll niemanden zum absoluten Steuerprofi ausbilden, sondern konkrete und leicht verständliche Tipps und Tricks liefern, die man direkt anwenden kann.

Dazu habe ich meine eigenen Erfahrungen aus über 16 Jahren in der Finanz- und Steuerwelt, aber auch Wissen von anderen Steuerexperten und vor allen Dingen das Feedback meiner Zuschauer aus Hunderten Erklärvideos und mittlerweile über zehn Millionen Views auf unserem YouTube-Kanal „Finanznerd" zusammengefasst, in einfache Worte verpackt und mit vielen konkreten Anleitungen versehen – das alles in diesem einen Buch. Das Großartige ist: Du musst nicht zwangsweise jede Seite lesen, sondern kannst dir die Bereiche heraussuchen, die dich betreffen. Natürlich kann es immer sinnvoll sein, über den Tellerrand hinauszuschauen, und vielleicht versteckt sich auch in einem anderen Bereich ein Tipp, der dir oder einem Steuerzahler aus deinem Umfeld helfen kann.

Erfahre im Kapitel über Steuermythen, warum das Thema Steuererklärung gar nicht so abschreckend sein muss und dass Vieles, was wir im Negativen glauben, einfach nicht stimmt.

Bitte beachte, dass ich kein Steuerberater bin und dieses Buch keine steuerliche Beratung, sondern meine Erfahrungen und Meinungen darstellt. Ich habe bewusst versucht, so viele Fachbegriffe (und davon hat das Steuerrecht genug) wie möglich umzuschreiben und in meine Worte zu packen. Außerdem lasse ich häufig Sonderfälle und die vielen speziellen Ausnahmeregelungen weg, damit es für jeden auch ohne Vorkenntnisse möglich ist, die Tipps zu verstehen und – ganz wichtig – anzuwenden. Mein Ansporn ist, dass du die Angst vor der Steuererklärung verlierst, unser Steuersystem an den dich betreffenden Stellen etwas besser verstehst und in Zukunft bewusst deine Chance nutzt, die jede Steuererklärung mit sich bringt.

Danke für dein Vertrauen, und Danke auch an drei geliebte Herzensmenschen, die ich im Jahr 2021 leider verloren habe und denen ich dieses Buch widme. Alle drei waren großartige Menschen und unendlich stolz auf mich. Sie waren einer der Hauptgründe für den Erfolg des gesamten Projekts „Finanznerd" und haben mich immer motiviert, anderen Menschen zu helfen, sei es mit Erklärvideos, Fachartikeln oder aber im Rahmen eines großen Projekts wie dieses Buch. Wir alle sollten das Leben nutzen. Ich möchte dir zumindest mit diesen Steuertipps ein kleines Stück weit dabei helfen.

Jetzt aber viel Spaß mit diesem Buch und ganz viel Erfolg bei deiner nächsten Steuererklärung!

Alles Gute,

Simon Neumann

## Steuermythen entlarvt – Steuertipp 1

# Einmal Steuererklärung, immer Steuererklärung?

Egal, mit wem ich mich über das Thema Steuererklärung unterhalte, ich treffe immer wieder auf den Mythos „Wer einmal eine Steuererklärung abgibt, muss dies jedes Jahr tun".

Diese sehr weit verbreitete Annahme führt häufig dazu, dass Menschen sich lieber gar nicht mit ihrer eigenen Steuererklärung beschäftigen, aus Angst, jedes Jahr aufs Neue vom Finanzamt dazu gezwungen zu werden. Auch wenn ich ohnehin der festen Überzeugung bin, dass man jedes Jahr freiwillig seinen möglichen Steuererstattungsanspruch zumindest berechnen sollte, kann ich in diesem Punkt Entwarnung geben.

Bei der Abgabe der Steuererklärung gibt es nämlich nur grob zwei Gruppen:
1.) die zur Abgabe einer Steuererklärung Verpflichteten,
2.) diejenigen, die freiwillig eine Steuererklärung abgeben dürfen.

Und genau darauf kommt es jedes Jahr an: Zu welcher Gruppe gehört man?
Im Kasten unten habe ich ein paar der typischerweise Verpflichteten aufgelistet. Gehörst du aber als normaler Angestellter oder als Beamtin, als Azubi oder duale Studentin nicht zu dieser Gruppe, darfst du jedes Jahr aufs Neue für dich persönlich entscheiden. Es kann zwar vorkommen, dass du nach einer eingereichten Steuererklärung im nächsten Jahr ein automatisiertes Erinnerungsschreiben bekommst. Dann kannst du aber mit einem kurzen Schreiben dem Finanzamt mitteilen, dass du in diesem Jahr auf eine freiwillige Veranlagung (so heißt die Abgabe der Steuererklärung in der Fachsprache) verzichtest und dann hast du deine Ruhe.

| Verpflichtet zur Abgabe sind unter anderem: | |
|---|---|
| • Gewerbetreibende | • unversteuerte Einkünfte (wie z.B. Mieteinnahmen) |
| • Selbstständige/Freiberufler | • eingetragener Lohnsteuerfreibetrag |
| • Verheiratete in den Steuerklassen 3/5 oder 4/4 mit Faktor | • > 410,- € Lohnersatzleistungen (z.B. ALG 1, Kurzarbeiter-, Krankengeld) |
| • Rentner (ab Grundfreibetrag) | • Nebentätigkeit (Steuerklasse 6) |

## Steuertipp 2

## Steuererklärung lohnt sich nicht!

Natürlich gibt es Fälle, bei denen sich die freiwillige Einreichung einer Steuererklärung nicht lohnt, da möchte ich keine Augenwischerei betreiben. ABER mit der richtigen Information und den Steuertipps aus diesem Buch kann man die alljährliche Steuererklärung von einer Last zu einem jährlichen finanziellen Sonderbonus umwandeln.

Auch die Statistik bestätigt dies, denn laut offiziellen Zahlen des Bundesamtes für Statistik betrug die durchschnittliche Steuererstattung in den letzten Jahren jeweils rund 1.000, - € und das pro Steuererklärung. Jeder Fall ist dabei anders und manchmal beträgt die Erstattung vielleicht nur ein paar Euro, manchmal ein paar Hundert Euro und in einigen Fällen sind sogar vierstellige Erstattungen möglich.
Deshalb sollte eben auch jeder für sich einmal im Jahr freiwillig seinen möglichen Erstattungsanspruch berechnen.
Auch die Frage des Einkommens taucht immer wieder auf, und auch hier kann ich im positiven Sinne Entwarnung geben. Teilweise ist es nämlich genau andersherum und eine Steuererklärung kann sich besonders bei Fällen mit niedrigem Einkommen lohnen (mehr dazu im Steuertipp 8 Grundfreibetrag).

Außerdem hat eine statistische Auswertung von mehreren Hunderttausenden Steuerfällen eines führenden Anbieters für Online-Steuererklärungen ergeben, dass bei deren Kunden die Finanzämter mit den höchsten Erstattungen im Schnitt nicht aus München, Hamburg oder Stuttgart stammen, sondern aus dem Saarland und Rheinland-Pfalz. Gleichzeitig findet man in der Auflistung der Finanzämter mit den niedrigsten Erstattungen den Großteil aus Bayern und Baden-Württemberg, d.h. Regionen, in denen tendenziell höhere Einkommen erwartet werden. Das sind zwar keine offiziellen Zahlen der Ämter, aber schon sehr aussagekräftig.
Es lohnt sich also nicht in jedem Fall, aber in viel mehr Fällen, als man denkt und noch immer werden jährlich schätzungsweise 500 Millionen Euro an möglicher Steuererstattung nicht abgerufen, weil zu viele Steuerzahler keine Steuererklärung abgeben und damit nicht zu ihrem Recht kommen.

## Steuertipp 3

## Belege, Belege, Belege!

Ein Relikt aus vergangenen Tagen, denn früher war es tatsächlich deutlich aufwendiger, eine Steuererklärung ordnungsgemäß einzureichen. Doch das ist mittlerweile anders.

Seit dem Steuerjahr 2017 müssen nämlich bei der Steuererklärung wenige oder gar keine Belege aktiv und eigenständig beim Finanzamt eingereicht werden. Das vereinfacht Vieles, auch wenn dies natürlich nicht heißt, dass man falsche Daten darf. Nach wie vor ist das Finanzamt natürlich berechtigt, Belege zu gemachten Angaben nachzufordern und dann muss man diese auch vorlegen können – aber eben erst auf schriftliche Anforderung des zuständigen Finanzamts und nicht schon feinsäuberlich mit der Steuererklärung. Da auch die Steuerverwaltung versucht, verstärkt digitaler zu arbeiten, werden sowieso mittlerweile zahlreiche Fälle nur noch durch Software und Algorithmen überprüft und erst bei Unstimmigkeiten, Auffälligkeiten oder ungewöhnlich hohen Steuererstattungen durch eine Sachbearbeiterin oder einen Sachbearbeiter kontrolliert – es werden zwar auch Stichproben nach dem Zufallsprinzip gezogen, aber bei einer ganz normalen ordnungsgemäßen Steuererklärung gehen viele Fälle einfach durch, um Zeit und Kosten in der Verwaltung zu sparen.
Das bedeutet für uns definitiv weniger Aufwand und beschleunigt die Anfertigung deutlich.

Situationsgemäß kann es aber dennoch sinnvoll sein, gleich Belege beizufügen bzw. hinterherzuschicken, um Rückfragen zu vermeiden, bspw. der Behindertenausweis bei der erstmaligen Beantragung des Behindertenpauschbetrags oder aber bei größeren Spenden ab 200, - € (mehr zum Thema Spenden absetzen im Steuertipp 15). Ansonsten ist dies aber für die meisten Bereiche nicht vorgesehen und sogar von den Sachbearbeitern nicht gewünscht.

## Steuertipp 4

## Steuererklärung ist nur für Profis/Steuerberater?

Gegen diesen Glauben versuche ich seit Jahren mit unseren Videos, den Blogartikeln und nun auch mit diesem Buch hier anzukämpfen. Auch ich habe zu Beginn meiner Karriere so empfunden und daran geglaubt. Da ich aber verstehen wollte, warum ich jährlich Tausende von Euros bezahlen soll, packte mich zum Glück der Ehrgeiz und ich merkte schnell, dass es eigentlich häufig gar nicht so schwer ist, wie man zuerst denkt.

Mit Sicherheit bringt die Steuererklärung und Buchhaltung von Selbstständigen und Firmen andere Anforderungen mit sich als eine Einkommensteuererklärung eines Angestellten ohne Zusatzeinkünfte. Bei Sonderfällen, wie Erbschaft, Vermietung mehrerer Immobilien oder auch bei hohen Pflege- oder Krankheitskosten, kann ein Steuerberater eine wertvolle Unterstützung sein, aber in vielen Fällen ist die Steuererklärung selbstständig schaffbar und du wirst hoffentlich durch das Buch und etwas Engagement zu dieser Kategorie gehören. In meinem Umfeld und der Community berichten mir regelmäßig Menschen, dass sie durch meine Tipps und Videos ihre Steuererklärung in einer Stunde oder sogar noch weniger komplett anfertigen konnten. Das ist zwar zugegeben schon sehr schnell, aber absolut machbar.

Achte also auf die Komplexität deines Steuerfalles, ich traue jedem zu, seine Steuern als Privatperson selbst in die Hand zu nehmen.
Und wer es nicht ganz auf sich allein gestellt versuchen möchte, kann ja auch zu einer der vielen Steuererklärungsprogramme oder Online-Lösungen greifen, die meist durch den eigenen Fall führen und an den entsprechenden Stellen nützliche Tipps liefern und die Gebühren dafür kann man sogar von der Steuer absetzen. Wer kein Geld ausgeben möchte, für den bleibt ja die offizielle Variante „Elster online" auf welche ich in diesem Buch verwiesen habe und zeige, wo und wie man dort seine Angaben machen kann.

## Steuertipp 5

## Nur ein Jahr Zeit?

Was Steuern und die Steuererklärung angeht, gibt es viele Fristen zu beachten.
Bereits im Steuertipp 1 habe ich gezeigt, dass es zwei Gruppen bei der Abgabepflicht einer Steuererklärung gibt: die Verpflichteten und die Freiwilligen. Beide Gruppen müssen sich hierbei an zwei unterschiedliche Fristen halten.
1.) Die Verpflichteten haben bis zum 31.07. des Folgejahres Zeit (früher war das der 31.05.)
2.) Die Freiwilligen haben hingegen ganze vier Kalenderjahre rückwirkend Zeit

Dies bedeutet, dass eine freiwillige Abgabe bspw. im Jahr 2022 noch für die Jahre 2021, 2020, 2019 und 2018 möglich ist. Im Idealfall kann man also eine richtig hohe Erstattung bekommen, wenn man beim ersten Mal gleich vier Steuererklärungen einreicht.
Wichtig: Für jedes Jahr muss aber eine eigenständige Steuererklärung eingereicht werden (man darf keine Jahre zusammenfassen).

## Steuertipp 6

## Das Finanzamt hat immer recht!

Das Finanzamt strahlt seit jeher aufgrund seiner Stellung eine gewisse Autorität aus und dadurch hat sich eine Art unterwürfiger Haltung bei uns Steuerzahlern etabliert. Was viele aber nicht wissen: Ein nicht unerheblicher Teil der Steuerbescheide ist schlichtweg falsch. Es gibt Schätzungen hierzu, dass dies tatsächlich jeder dritte Bescheid sein könnte. Zu jedem Einkommensteuerbescheid gibt es aber auch ein Widerspruchsrecht und das sollte man bei Fehlern nutzen und gegebenenfalls um Korrektur bitten. Häufig werden Kosten abgelehnt, die aber später mit Begründung und Nachweis doch wieder angerechnet werden.
Mein Tipp: Jeden Steuerbescheid und besonders die hinteren Seiten genau lesen, dort findet man die Streichungen mit einer kurzen Begründung des Sachbearbeiters.

## Steuertipp 7

## Gefahr der Steuernachzahlung durch Steuererklärung!

Ein Mythos, den ich gut verstehen kann und der auf den ersten Blick logisch erscheint. Allerdings kann ich auch hier Entwarnung geben, zumindest wieder für diejenigen, die ihre Steuererklärung freiwillig eingereicht haben und zur Gruppe der Nicht-Verpflichteten gehören.
Sollte nämlich in einem solchen Fall das Finanzamt einen Steuerbescheid erstellen und darin eine Nachzahlung fordern, dann hat man das Recht seine Steuererklärung auch wieder nachträglich zurückzuziehen (geregelt im § 46 Abs. 2 Nr. 8 EStG).

Dazu genügt ein einfaches Einspruch-Schreiben, das folgenden Inhalt haben könnte:

*Sehr geehrte Damen und Herren,*

*mit diesem Schreiben lege ich Einspruch gegen den Einkommensteuerbescheid vom [TT.MM.JJJJ] ein.*

*Meinen Antrag auf freiwillige Veranlagung nehme ich nach § 46 Abs. 2 Nr. 8 EStG zurück.*

*Des Weiteren beantrage ich die Aussetzung der Vollziehung.*

*Freundliche Grüße*

*[Vorname Nachname]*

Man muss also vor einer Nachzahlung keine Angst haben, wenn man freiwillig seine Steuererklärung eingereicht hat.
Damit auch die Erstattung möglichst hoch wird, folgen in den nächsten Kapiteln konkrete Tipps zum Sparen von Steuern. Viel Erfolg!

## Steuern sparen – Steuertipp 8

# Grundfreibetrag – Das geht alle an!

Der wichtigste Freibetrag für die meisten Steuerzahler ist der Grundfreibetrag. Alle Einkünfte, die unter diesem jährlich neu festgelegten Betrag liegen, bleiben von der Einkommensteuer komplett befreit. Dabei ist es egal, ob es sich um Einkünfte aus einem Angestelltenverhältnis, einer selbstständigen- und gewerblichen Tätigkeit, um Mieteinkünfte oder aber auch erhaltene Rentenzahlungen handelt.

Liegt man dann zusammengerechnet mit seinem zu versteuernden Einkommen unter diesem Betrag muss man keine Einkommensteuer zahlen bzw. bekommt seine eventuell bereits gezahlten Steuern wieder zurück.

Besonders Steuerzahler mit geringen Einkünften können davon profitieren, wenn man z.B. nicht das ganze Jahr durchgearbeitet hat, weil vorher ein Studium oder eine Ausbildung absolviert wurde – eventuell befand man sich auch in Elternzeit oder war arbeitssuchend. Beginnt man dann bei einem neuen Arbeitgeber, kennt dieser die vorherige Einkommenssituation in der Regel nicht exakt und wird häufig eben nur ein Zwölftel des Grundfreibetrags bei seiner monatlichen Gehaltszahlung berücksichtigen. Die Folge: Es wird oft zu viel Lohnsteuer vom Gehalt abgezogen, welche man sich unbedingt mit einer Steuererklärung zurückholen sollte.

Grundsätzlich wird der Grundfreibetrag automatisch vom Finanzamt und Arbeitgeber berücksichtigt und man muss dafür keinen extra Antrag stellen oder einen Haken in der Steuererklärung setzen, aber bei schwankenden - oder wie erklärt - nicht durchgängigen Einkünften, wird erst mit der Steuererklärung der Grundfreibetrag vollständig auf alle Einkünfte des Jahres angerechnet und zu viel gezahlte Steuer erstattet.

| Höhe des Grundfreibetrags | | |
|---|---|---|
| Steuerjahr | Ledige | Verheiratete |
| 2022 | 9.984,- € | 19.968,- € |
| 2021 | 9.744,- € | 19.488,- € |
| 2020 | 9.408,- € | 18.816,- € |
| 2019 | 9.168,- € | 18.336,- € |
| 2018 | 9.000,- € | 18.000,- € |

## Steuertipp 9

## Sachzuwendungen – Geschenke vom Arbeitgeber

Geschenke bekommt wahrscheinlich jeder von uns sehr gern. Umso erstaunlicher ist es immer wieder für mich, wie viele Angestellte dieses steuerliche Geschenk ihres Arbeitgebers nicht in Anspruch nehmen. Auch wenn man dies bei einem Geschenk im ursprünglichen Sinn nicht machen sollte, ist es in diesem Fall ratsam, aktiv auf den Arbeitgeber zuzugehen und danach zu fragen. Denn tatsächlich ist es finanziell für alle Beteiligten vorteilhaft - auch die Chefin oder der Chef können damit Steuern sparen.

Ab dem Jahr 2022 darf ein Mitarbeiter monatlich bis zu 50,- € als Sachzuwendung zusätzlich zum Lohn erhalten und das für sie oder ihn komplett steuerfrei. Damit der Betrag steuerlich gefördert wird, darf er aber nicht bar oder mit dem Gehalt als echte Geldleistung ausgezahlt werden. Stattdesseen sind Gutscheine, Tankkarten, eine Fitnessstudio-Mitgliedschaft, ein Handyvertrag mit Handy, Prepaid-Guthabenkarten und Ähnliches möglich.
Es gibt mittlerweile spezielle Anbieter, die solche Karten zur Verfügung stellen, auf denen monatlich bis zu 50,- € eingezahlt werden können, sich das Geld dort als Guthaben ansammeln lässt und man dieses bei Hunderten oder sogar Tausenden Geschäften, Online-Shops und Ähnlichem einlösen kann. So sind dann auch größere Ausgaben für den oder die beschenkten Mitarbeiter möglich.
Wie erwähnt haben alle finanziell etwas davon, denn der Beschenkte muss darauf keine Steuern und Sozialabgaben zahlen und die schenkende Firma darf die entstandenen Aufwendungen (also bspw. die 50,- € plus eventuelle Gebühren für die erwähnte Guthabenkarte) komplett als Betriebsausgabe absetzen und muss ebenfalls auf diesen Betrag keine Steuern und Sozialabgaben abführen.
Wichtig: Der Betrag darf nicht anstatt des Lohnes, sondern immer nur zusätzlich bewilligt werden. Man darf also ausdrücklich nicht einfach den Bruttolohn um 50, - € reduzieren und dafür die Sachzuwendung nutzen – dies ist nicht gestattet. Außerdem handelt es sich bei dem Betrag um eine Freigrenze, dies bedeutet, dass der Wert der Sachzuwendung innerhalb eines Monats nicht um 1 Cent höher sein darf, als die 50, - €, da sonst die gesamte steuerliche Besserstellung komplett entfällt.

## Steuertipp 10

## Aufmerksamkeiten – noch ein Grund zum Feiern

Gründe zum Feiern gibt es ja viele und hierfür hält eine Verwaltungsregel ein kleines, aber feines Geschenk für uns bereit. Auch wenn vielleicht nicht direkt jeden Monat wie bei den Sachzuwendungen, sind auch die sogenannten Aufmerksamkeiten ein Grund zur Freude. Dabei dürfen nämlich bis zu einem Bruttobetrag von 60,- € pro Anlass steuerfrei begünstigt an Mitarbeiterinnen und Mitarbeiter verschenkt werden.
Solche individuellen Anlässe können privater oder beruflicher Natur sein, wie bspw.:
- Hochzeit
- Geburt eines Kindes
- silberne oder goldene Hochzeit
- Kommunion, Konfirmation oder Taufe des Kindes
- der eigene Geburtstag
- rundes Dienstjubiläum
- Diensteinführung
- Amts- oder Funktionswechsel
- Verabschiedung eines Mitarbeiters

Auch hier gilt, dass die Freigrenze von 60,- € nicht um 1 Cent überschritten werden darf, dass die Aufmerksamkeit zusätzlich und nicht statt des Lohnes fließt und es sich nicht um Geld, sondern eine Sache (wie auch Getränke oder Verpflegung, Gutscheine, Blumen, Pralinen etc.) handelt.

Anders als bei den regelmäßigen Sachzuwendungen aus dem vorherigen Steuertipp, gibt es übrigens keine Begrenzung der Häufigkeit. So können auch bei Vorliegen von zwei oder mehr individuellen Anlässen innerhalb eines Monats jeweils die 60,- € brutto pro Anlass vollständig ausgeschöpft werden.
Findet die Geschenkübergabe auf einer Betriebsveranstaltung statt, so erhöht sich die Freigrenze pro Mitarbeiter sogar von 60,- € auf 110,- €, wobei die dortige Verköstigung anzurechnen ist und maximal zwei Veranstaltungen pro Jahr begünstigt sind.

## Steuertipp 11

## Heiraten und Steuern sparen (Ehegattensplitting)

Zugegeben dieser Steuertipp ist mit einem Augenzwinkern gemeint und bei einer Hochzeit sollte natürlich immer die Liebe im Vordergrund stehen, aber Fakt ist auch, dass sich durch das sogenannte Ehegattensplitting für verheiratete Paare oder eingetragene Lebenspartnerschaften steuerliche Vorteile ergeben können.

Das liegt daran, dass in unserem Steuersystem mit wachsendem zu verteuerndem Einkommen auch der prozentuale Steuersatz steigt. Liegt man unter dem bereits erklärten Grundfreibetrag hat man einen persönlichen Steuersatz von 0%, weil man ja keine Steuern zahlt. Muss man hingegen 36.900,- € versteuern, so liegt der eigene Einkommensteuersatz schon bei 20% und hat man 123.600,- € als zu versteuerndes Einkommen, muss man 35% als ledige Person ans Finanzamt abführen.
Beim Ehegattensplitting werden die Einkommen der beiden Partner nun eben nicht mehr einzeln versteuert, sondern sie werden zusammengerechnet und dann wird steuerlich so getan, als wenn jeder Partner die Hälfte davon verdient hat.

Hierzu ein Musterbeispiel mit konkreten Zahlen:
In beiden Fällen verdient Partner 1 60.000,- € und Partner 2 20.000,- €. Sind beide unverheiratet und versteuern ihr Einkommen somit einzeln, dann zahlen sie zusammen 15.932,- € + 2.207,- € = 18.139,- € Einkommensteuer.
Sind die Partner aber verheiratet und nutzen das Ehegattensplitting, dann rechnet man zunächst die 60.000,- € und die 20.000,- € zusammen und tut nun steuerlich so, als wenn jeder der beiden 40.000, - € (also die Hälfte von 80.000, - €) verdient hätte. Dies ergäbe eine gemeinsame Steuerlast von 8.246,- € + 8.246,- € = 16.492,- € und dadurch einen Steuervorteil von 1.647,- € pro Jahr. Je unterschiedlicher also beide verdienen, umso größer wird der Steuervorteil – verdienen beide komplett gleich, hebt sich dies auf.

| Fall/Status | Person | Einkommen | Steuersatz | Steuerlast |
|---|---|---|---|---|
| Unverheiratet | Partner 1 | 60.000,- € | 27% | 15.932,- € |
| | Partner 2 | 20.000,- € | 11% | 2.207,- € |
| Verheiratet | Partner 1 | 40.000,- € | 21% | 8.246,- € |
| | Partner 2 | 40.000,- € | 21 % | 8.246,- € |

## Steuertipp 12

## Steuerklassenkombination 4/4 oder 3/5

Dieser Steuertipp ist auch schon fast ein kleiner Steuermythos, um den sich viele Meinungen ranken. Es geht dabei um die Möglichkeit, sich als verheiratetes Paar oder eingetragene Lebenspartnerschaft statt der zunächst üblichen Steuerklassenkombination 4 und 4, lieber auf Antrag beim Finanzamt die Kombination 3 und 5 zu wählen und dadurch Steuern zu sparen.

Auf den ersten Blick mag dies, gerade bei Paaren, die unterschiedlich viel verdienen, auch der Fall sein. Dem besserverdienenden Partner von beiden wird dadurch in der Steuerklasse 3 nämlich der steuermindernde Grundfreibetrag in Höhe von aktuell 9.984,- € angerechnet, wodurch dieser deutlich weniger Steuern zahlen muss. Der andere (weniger verdienende) Partner verliert in der Steuerklasse 5 zwar seinen Grundfreibetrag in der Steuerkalkulation und muss deshalb etwas mehr Steuern zahlen – es handelt sich also um ein Wechselspiel. Die Kombination der Steuerklassen 3 und 5 führt in der Praxis (bei unterschiedlichen Einkommen) dazu, das ein Partner jeden Monat netto mit der Gehaltsabrechnung oder Bezügemitteilung mehr ausgezahlt bekommt und der andere weniger. Insgesamt ergibt sich dadurch zunächst ein Steuervorteil auf den einzelnen Monat betrachtet, wodurch man mehr Geld monatlich zur Verfügung hat.

Nun kommt das sprichwörtliche Aber und ein Fakt, der vielen nicht bewusst ist. Die eben genannte Aufteilung und Anrechnung des Grundfreibetrags beim Partner in der Steuerklasse 3 und dem Verlust desselbigen in der Steuerklasse 5 wird nämlich im Rahmen der Steuererklärung wieder aufgehoben. Hat man dann keine anderen absetzbaren Kosten in größerem Umfang, kann das zu einer Steuernachforderung seitens des Finanzamts führen. Außerdem sorgt die gewählte Kombination von 3 und 5 dafür, dass man zur Abgabe einer Steuererklärung verpflichtet ist.
Wichtig: Schlussendlich zahlt man aber in beiden Fällen als Paar den gleichen Betrag an Einkommenssteuer und es ergibt sich schlichtweg kein Steuervorteil.
Plant man allerdings den Bezug von Elterngeld, welches sich nach dem vorherigen Nettoeinkommen richtet, kann eine Aufteilung nach 3 und 5 helfen, künstlich das Nettogehalt etwas zu erhöhen und dadurch später mehr Elterngeld zu erhalten.

## Steuertipp 13

## Freibetrag eintragen – Jeden Monat mehr Netto

Mithilfe der Steuertipps aus diesem Buch kann man eine möglichst hohe Steuererstattung in seiner Steuererklärung erzielen – davon bin ich überzeugt.
Wer allerdings nicht bis zum nächsten Jahr bzw. bis zum nächsten Steuerbescheid warten und seinen steuerlichen Vorteil gleich nutzen möchte, für den ist dieser Steuertipp sehr nützlich. Man kann sich nämlich voraussichtlich anfallende Kosten (also Werbungskosten, Sonderausgaben, außergewöhnliche Belastungen, etc.) bereits vorab mithilfe eines Lohnsteuerfreibetrages direkt anrechnen lassen. Im Ergebnis bedeutet dies dann Monat für Monat mehr Nettogehalt, weil der Arbeitgeber die angesetzten Kosten gleich bei der Lohnabrechnung berücksichtigt.

Damit sich der Aufwand aber auch lohnt und man einen spürbaren steuerlichen Vorteil hat, müssen dafür mindestens 600,- € an absetzbaren Mehrkosten voraussichtlich anfallen. Die Betonung liegt dabei auf „voraussichtlich", denn keiner weiß im Vorfeld, welche Kosten er oder sie haben wird. Wer dies nutzen möchte stellt hierzu den sogenannten Antrag auf Lohnsteuerermäßigung und trägt dort die erwarteten Kosten ein. Für den Bereich der Werbungskosten wird ja automatisch Arbeitnehmerpauschbetrag in Höhe von 1.000,- € angerechnet, weshalb man in diesem Bereich auf mindestens 1.600,- € an Mehrkosten kommen muss, wenn man nur auf den Werbungskosten beruhend einen Freibetrag eintragen lassen möchte.

Da die auf dem Antrag eingetragenen Kosten aber wie erwähnt nur voraussichtlich sind und man direkt mit der Gehaltsabrechnung seinen Steuervorteil im Voraus bekommt, wird man dafür auf der anderen Seite verpflichtet, im Folgejahr auch eine Steuererklärung abzugeben und die dann wirklich angefallenen exakten Kosten anzugeben. Sind die Kosten dann widererwarten nicht eingetroffen, kann es zu einer Steuernachzahlung kommen – dieses kleine Risiko besteht dann. Hatte man aber sogar höhere Kosten, erhält man dafür natürlich dennoch seine Steuererstattung – man verschiebt also lediglich den Steuervorteil zeitlich nach vorne – insgesamt hat man nach der Abgabe der Steuererklärung immer das Gleiche gezahlt.
Wer aber eben nicht warten möchte, der kann so früher zu seiner Erstattung kommen.

## Steuertipp 14

## Kirchensteuer

Ja, richtig gelesen. Die gezahlte Kirchensteuer innerhalb eines Steuerjahres mindert tatsächlich das zu versteuernde Einkommen und spart dort einen kleinen Teil an Steuern ein.

Diese Anrechnung erfolgt in der Steuererklärung automatisch und sobald man im Hauptvordruck auswählt, dass man einer Religion angehört, werden auch die Felder zur Eintragung von gezahlter Kirchensteuer zu Pflichtfeldern. Die Höhe der gezahlten Kirchensteuer findet man ganz einfach auf seiner alljährlichen Lohnsteuerbescheinigung in der Zeile 6. Hat man mehrere Arbeitgeber und Lohnsteuerbescheinigungen gehabt, addiert man die Werte entsprechend und trägt sie in der Steuererklärung als eine Summe ein.

Wichtig: Die gezahlte Kirchensteuer muss an zwei Stellen in der Steuererklärung eingetragen werden (siehe Hinweisbox unten).
Was viele allerdings nicht wissen und oft zu verfälschten Berechnungen der Steuersoftware führt, ist die Tatsache, dass erstatte Kirchensteuer ebenfalls wieder in der Steuererklärung in demselben Jahr, indem sie erstattet wurde, eingetragen werden muss. Dort erhöht sie dann wiederum das zu versteuernde Einkommen.

Macht man also bspw. seine Steuererklärung für das Jahr 2019 und erhält den Steuerbescheid samt Erstattungszahlung im Jahr 2022, so muss man in seiner späteren Steuererklärung für das Jahr 2022 die Kirchensteuererstattung ebenfalls angeben.

| | |
|---|---|
| **Formular:** | Anlage Sonderausgaben |
| **Bereich:** | 1 – Kirchensteuer |
| **Zeile:** | 4 |
| **Eintragung**: | Art der Leistung zuordnen |
| **Betrag:** | Kirchensteuerzahlung oder Erstattung (letzte Zeile) |

## Steuertipp 15

## Spenden – Gutes tun und Steuern sparen

Dass Spenden eine gute Sache sind und vielfach eine der wichtigsten materiellen Unterstützung für Vereine, Verbände und Ähnliches sind, steht wohl außer Frage.
Um neben einem guten Gefühl der Spenderin oder des Spenders auch noch einen steuerlichen Anreiz zu liefern, kann man Spenden in der Steuererklärung absetzen. Unterschieden werden hierbei drei Kategorien:

1.) Spenden an gemeinnützige oder mildtätige Zwecke (wie Kulturvereine, Jugendhilfe, Tierschutz, Wissenschaft usw.)
2.) Spenden in den Vermögensstock einer Stiftung
3.) Spenden an politische Parteien

Wichtig: Um Spenden handelt es sich im steuerlichen Sinn nur, wenn man dafür keine direkte Gegenleistung erhalten hat. Außerdem können nicht nur Geld, sondern auch Sachspenden anerkannt werden.
Je nachdem wofür man gespendet hat, unterscheidet sich die steuerliche Behandlung. Wir konzentrieren uns auf die 1. und 3. Kategorie, denn Spenden an eine Stiftung erfordern viele Voraussetzungen und finden in der breiten Masse kaum statt.

Spenden der 1. Kategorie sind bis maximal 20% der gesamten eigenen Einkünfte als Sonderausgaben absetzbar, wobei sie das zu versteuernde Einkommen mindern. Je nach persönlichem Steuersatz kann man darauf also 0 - 45% Steuern sparen.
Spenden der 3.Kategorie zählen zwar auch zu den Sonderausgaben, werden aber stärker gefördert. Bis zu einem Betrag pro Steuerzahler und Jahr von 1650,- € werden direkt 50% im Rahmen der Steuererklärung erstattet. Spenden, die darüber hinaus getätigt wurden, wirken sich wiederum wie die 1.Kategorie aus und mindern das zu versteuernde Einkommen. Maximal sind für diesen 3. Bereich 3.300,- € begünstigt.

| | |
|---|---|
| **Formular:** | Anlage Sonderausgaben |
| **Bereich:** | 2 – Zuwendungen (Spenden und Mitgliedsbeiträge) |
| **Zeilen:** | 5-12 |
| **Eintragung**: | Zuwendungsempfänger (Verein, Organisation, Partei, Stiftung) |
| **Betrag:** | Zugewendeter Betrag |

## Steuertipp 16

## Behinderung – Behinderten-Pauschbetrag nutzen

Eine dauerhafte Behinderung ist wohl einer der schlimmsten Schicksalsschläge, die man erleiden kann und bei diesem Steuertipp geht es natürlich nicht um die Behinderung selbst. Vielmehr sollte man angesichts dieser Einschränkung im Leben, dafür wenigstens die möglichen steuerlichen Erleichterungen nutzen. Neben der Geltendmachung seiner behinderungsbedingten Mehraufwendungen in unterschiedlichen Bereichen, ist der einfachste Weg wohl der Behinderten-Pauschbetrag, für den keine umständliche Einzelaufstellung, sondern lediglich der Behinderungsgrad und ein dazugehöriger Nachweis/Bescheid ausreichend ist. Je nach Höhe des eingetragenen Behinderungsgrades unterscheidet sich der gewährte Betrag, welcher das zu versteuernde Einkommen und dadurch die eigene Steuerlast mindert.
Höhe des Behinderten-Pauschbetrages (gültig seit Steuerjahr 2021):

| Grad der Behinderung | Behinderten-Pauschbetrag |
|---|---|
| 20 | 384,- € |
| 30 | 620,- € |
| 40 | 860,- € |
| 50 | 1.140,- € |
| 60 | 1.440,- € |
| 70 | 1.780,- € |
| 80 | 2.120,- € |
| 90 | 2.460,- € |
| 100 | 2.840,- € |

Für behinderte Menschen, die hilflos im Sinne des §33b Abs. 6 EstG sind und Blinde sowie Taubblinde erhöht sich der genannte Pauschbetrag auf insgesamt 7.400,- €

| | |
|---|---|
| **Formular:** | Anlage Außergewöhnliche Belastungen |
| **Bereich:** | 1 – Behinderten-Pauschbetrag |
| **Zeilen:** | 4-6 |
| **Eintragung**: | Gültig von - gültig bis, unbefristet? Grad der Behinderung + Zeile 5/6 für eventuelle Zusatzmerkmale |
| **Betrag:** | Wird automatisch ermittelt |

## Steuertipp 17

## Ehrenamtspauschale

Zum Glück gibt es laut offiziellen Zahlen Millionen von Menschen, die sich ehrenamt-
lich engagieren. Meist wird für diese zusätzliche Arbeit an die Ehrenamtlichen eine
Aufwandsentschädigung gezahlt. Diese ist seit dem Steuerjahr 2021 bis zu einem jährlichen Betrag in Höhe von 840,- € steuer- und sozialabgabenfrei. Voraussetzung hierfür ist, dass die Tätigkeit nur nebenberuflich ausgeführt wird, zur Förderung von ge-
meinnützigen, mildtätigen oder kirchlichen Zwecken dient oder aber im öffentlichen
Auftrag erledigt wurde. Beispiele aus der Praxis sind auch Tätigkeiten, wie Vereinsvor-
stand oder Schatzmeister, aber auch Platzwart, Schiedsrichter im Amateurbereich
und sogar der Fahrdienst von Eltern zu Auswärtsspielen.

## Steuertipp 18

## Übungsleiterpauschale

Neben der vorher beschriebenen Ehrenamtspauschale gibt es noch die Übungsleiter-
pauschale. Diese gilt für erhaltene Aufwandsentschädigungen als Übungsleiter (wie
Trainer im Sportverein), Ausbilder, Erzieher, Betreuer oder vergleichbare Tätigkeit.
Dabei dürfen sogar bis zu 3.000,-€ jährlich steuer- und sozialabgabenfrei als Aufwandsentschädigung gezahlt werden. Beträge, die darüber hinaus gehen und bislang
nicht versteuert wurden, werden in der Anlage N im Teilbereich 4 (Steuerpflichtiger
Arbeitslohn ohne Lohnsteuerabzug) in Zeile 21 eingetragen. Das gilt auch für die Ehrenamtspauschale.

| | |
|---|---|
| **Formular:** | Anlage N (gilt für beide Pauschalen) |
| **Bereich:** | 7– Steuerfreie Aufwandsentschädigung |
| **Zeile:** | 27 |
| **Eintragung**: | ausgeführtes Ehrenamt oder Tätigkeit |
| **Betrag:** | erhaltene Aufwandsentschädigung |

## Rund ums Wohnen – Steuertipp 19

# Haushaltsnahe Aufwendungen (wie z.B. Mietnebenkosten)

Einer meiner persönlichen Lieblingssteuertipps betrifft fast jeden von uns. Hinter dem Begriff „Haushaltsnahe Aufwendungen" verstecken sich nämlich Kosten unseres Alltags, die sich direkt in der Steuererklärung auswirken und Steuern sparen. Jeder Mieter, aber auch viele Eigentümer von selbstgenutztem Wohneigentum haben nämlich genau solche Kosten. Dazu zählt man Aufgaben, die eigentlich auch von den Bewohnern durchgeführt werden könnten, aber durch eine Firma oder einen Dienstleister erledigt wurden. Dies könnten bspw. Folgende sein:

- Hausreinigung
- Fensterreinigung
- Gartenpflege
- Hauswart oder Hausmeister-Service
- Winterdienst
- Putzkraft oder Haushaltshilfe
- ambulanter Pflegedienst

Wichtig ist, dass es eine Rechnung gibt und diese Kosten nicht bar bezahlt wurden. Als Mieter sollte man also in die letzte Betriebs- und Nebenkostenabrechnung schauen und im Regelfall wird man dort Ausgaben für solche Dienste/Arbeiten finden. Immerhin werden 20% der angefallenen Lohnkosten rückerstattet bis zu einem Maximalerstattungsbetrag von 4.000,- € aus diesem Bereich.

| | |
|---|---|
| **Formular:** | Anlage Haushaltsnahe Aufwendungen |
| **Bereich:** | 2 – Haushaltsnahe Dienstleistungen |
| **Zeile:** | 5 |
| **Eintragung**: | Art der Tätigkeit (Hausmeister, Gartenpflege, Winterdienst, Haushaltshilfe, Treppenhausreinigung etc.) |
| **Betrag:** | Gezahlter Lohnkostenanteil |

31

## Steuertipp 20

## Umzugskosten (privat)

Jeder von uns zieht irgendwann in seinem Leben um. Häufig werden dann fleißige Hände und Helfer aus dem eigenen Umfeld dafür eingeladen, aber manch einer beauftragt eben auch eine Umzugsfirma und zahlt für die professionelle Unterstützung Geld – diese Kosten lassen sich steuerlich berücksichtigen.

Steuerlich unterscheidet man hierbei allerdings zwei Arten von Umzügen: zum einen den privaten Umzug, um den es hier in diesem Steuertipp geht, zum anderen einen beruflich veranlassten Umzug. Zur beruflich veranlassten Variante habe ich in diesem Buch die Steuertipps 44 und 45 mitaufgenommen und zeige dort, wie man diesen zum Sparen von Steuern nutzen kann.

Bei den Kosten für einen privaten Umzug durch eine Umzugsfirma oder auf Rechnung tätige Umzugshelfer handelt es sich um die schon erwähnten haushaltsnahen Aufwendungen. Es gilt demnach die gleiche Höchstgrenze und du kannst 20% der Lohnkosten direkt im Rahmen der Steuererklärung geltend machen.
Wichtig: Die Rechnung muss die Lohnkosten gesondert ausweisen – das Absetzen des Gesamtbetrages bspw. mit Anteilen für Umzugskartons oder einem Transportfahrzeug ist nicht erlaubt.

| | |
|---|---|
| **Formular:** | Anlage Haushaltsnahe Aufwendungen |
| **Bereich:** | 2 – Haushaltsnahe Dienstleistungen |
| **Zeile:** | 5 |
| **Eintragung**: | Art der Tätigkeit (Umzugskosten) |
| **Betrag:** | Gezahlter Lohnkostenanteil |

## Steuertipp 21

## Geringfügige Beschäftigung im Haushalt (Minijob)

Dieser Steuertipp bezieht sich inhaltlich auf den vorherigen Tipp mit den haushaltsnahen Aufwendungen. Auch hier geht es grundsätzlich um haushaltsnahe Aufwendungen und die Arbeiten, welche rund um den eigenen Haushalt anfallen. Allerdings ist hier die Beschäftigungsform eine andere – während es sich vorher um eine sozialversicherungspflichtige Tätigkeit einer Firma oder einer gewerbetreibenden Person handelt, gibt es in der Steuererklärung ein extra Feld für sogenannte Minijobber oder fachlich ausgedrückt geringfügige Beschäftigung im eigenen Haushalt.

Besonders Putzhilfen, Haushaltshilfen und Kinderbetreuer werden häufig in Haushalten auf Minijob-Basis (bis 450,- € regelmäßiges mtl. Einkommen) angestellt.

Ist dies der Fall, dann werden auch hiervon 20% der Lohnkosten direkt in der Steuererklärung erstattet, bis zu absetzbaren Lohnkosten in Höhe von maximal 2.550,- € innerhalb eines Steuerjahres. Die höchstmögliche Erstattung liegt demnach bei 510,- € für diesen Bereich.

| | |
|---|---|
| **Formular:** | Anlage Haushaltsnahe Aufwendungen |
| **Bereich:** | 1 – Geringfügige Beschäftigung im Privathaushalt |
| **Zeile:** | 4 |
| **Eintragung:** | Art der Tätigkeit (Putzkraft, Babysitter etc.) |
| **Betrag:** | Gezahlter Lohnkostenanteil |

## Steuertipp 22

## Handwerkerleistungen (Renovierung, Wartung etc.)

Ergänzend zu den drei vorherigen Tipps gibt es in derselben Anlage in der Steuererklärung auch die Möglichkeit Ausgaben für Handwerkerleistungen und Wartungen absetzen.
Dazu zählen unter anderem:

- Malerarbeiten
- Fußbodenaufbereitung
- Aufzugswartung
- Thermenwartung

Auch hier gilt als Voraussetzung, dass es eine Rechnung gibt und diese Kosten nicht bar bezahlt wurden. In der Praxis findet man Wartungskosten ebenfalls in der Mietnebenkostenabrechnung als Mieter oder aber man hat als Eigentümer solche Arbeiten eigenständig in Auftrag gegeben und entsprechend eine Rechnung erhalten.

Absetzbar sind wiederum Kosten für Lohn- und Arbeitsleistung, Maschinen und Fahrtkosten, welche man bis maximal 6.000,- € absetzen kann. Davon werden dann ebenfalls 20% erstattet.

Eine Ausnahme bilden allerdings Kosten, die gleichzeitig öffentlich gefördert wurden, für die es steuerfreie Zuschüsse gab oder ein zinsverbilligtes Darlehen in Anspruch genommen wurde.

| | |
|---|---|
| **Formular:** | Anlage Haushaltsnahe Aufwendungen |
| **Bereich:** | 3 – Handwerkerleistungen |
| **Zeile:** | 6 |
| **Eintragung:** | Ausgeführte Arbeit + Gesamtrechnungsbetrag |
| **Betrag:** | Darin enthaltene Lohn-, Maschinen- und Fahrtkosten inkl. USt |

# Werbungskosten: Unser Helfer beim Steuern sparen

Für viele Steuerzahler sind sogenannte Werbungskosten, der einfachste Weg Steuern zu sparen. Wie schon im Einführungsteil erwähnt, versucht man mit seiner Steuererklärung Kosten gegenüber dem Finanzamt geltend zu machen (also umgangssprachlich abzusetzen), die unser zu versteuerndes Einkommen senken. Je weniger zu versteuerndes Einkommen wir haben, umso weniger Einkommensteuer müssen wir zahlen – und genau dabei helfen uns die Werbungskosten.

**Grundsätzlich stellen Werbungskosten alle Kosten dar, die man innerhalb des Steuerjahres hatte, um Einnahmen zu erzielen, diese zu sichern oder zu erhalten.**

Dabei geht es nicht nur um jetzige Einnahmen, sondern zusätzlich auch um Kosten für eine zukünftige Einnahmenerzielung, wie z.B. bei Fortbildungs- oder Bewerbungskosten.

Die Möglichkeiten sind also vielfältig und ein großer Teil der Steuerzahler sollte diese Chancen für sich nutzen.

Das Finanzamt und der Arbeitgeber berücksichtigen bei der Kalkulation der zu zahlenden Steuer automatisch 1.000,- € pro Jahr als Arbeitnehmer-Pauschbetrag – ohne dass man dies extra beantragen muss. Schaffen wir es aber nun im Rahmen unserer Steuererklärung mehr als 1.000,- € Werbungskosten geltend zu machen, senken wir unser zu versteuerndes Einkommen stärker, als bisher berücksichtigt, und mindern dadurch unsere zu zahlenden Steuern bzw. erhöhen unsere Steuererstattung.

35

## Steuertipp 23

## Fahrtkosten zur Arbeit (Entfernungspauschale)

Um Geld zu verdienen und ein Einkommen zu erzielen, fährt ein Großteil von uns zur Arbeit. Wie wir bereits festgestellt haben, erfüllt dies die Definition von Werbungskosten und kann uns also Sparen von Steuern helfen.

Dafür nutzen wir in der Steuererklärung die sogenannte Entfernungspauschale. Sie besagt, dass wir für jeden Kilometer Arbeitsweg (einfache Entfernung und kürzeste Strecke) pauschal 30 Cent erhalten und das für jeden Tag, an dem wir zur Arbeit gefahren sind (seit dem Steuerjahr 2021 gibt es ab dem 21. Kilometer sogar 35 Cent). Dabei ist es zunächst unerheblich, wie man diesen Weg hinter sich gebracht hat...also mit dem eigenen Auto, auf dem Fahrrad, zu Fuß oder mit den öffentlichen Verkehrsmitteln. Hierzu ein Beispiel aus der Praxis:

Eine Bürokauffrau ist innerhalb eines Kalenderjahres an 220 Tagen zur Arbeit gefahren. Ihr Arbeitsweg betrug dabei durchgehend 19 Kilometer für die Hinfahrt.

Dann ergibt sich folgende Rechnung → 220 Tage x 0,30 € x 19 km = 1.254,- €

Diese 1.254,- € werden ihr als Werbungskosten angerechnet.

Je länger also der Weg und je mehr Fahrten zur Arbeit stattgefunden haben, umso höher wird dieser Betrag (maximal werden aber nur bis zu 4.500,- € für die Entfernungspauschale angerechnet). An Tagen, an welchen man nicht zur Arbeit gefahren ist, weil man z.B. krank, im Urlaub oder im Homeoffice war, kann diese Entfernungspauschale natürlich nicht angesetzt werden. Gleiches gilt, wenn der Arbeitgeber die Fahrten zur Arbeit auf seine Kosten organisiert. Wenn es begründbar ist, dann muss nicht immer nur der kürzeste Weg angegeben werden. Ist ein anderer Weg zwar länger, dafür aber regelmäßig verkehrsgünstiger kann auch dieser angewandt werden.

| | |
|---|---|
| **Formular:** | Anlage N |
| **Bereich:** | 9 – Wege zwischen Wohnung und erster Tätigkeitsstätte |
| **Zeilen:** | 31-35 |
| **Eintragung:** | Adresse der Tätigkeitsstätte, Zeitraum, Arbeitstage je Woche, Urlaubs-, Krankheits-, Heimarbeits- und Dienstreisetage, Anzahl Fahrten im Zeitraum + Kilometer je Fahrt + Fortbewegungsart |
| **Betrag:** | wird automatisch errechnet |

## Steuertipp 24

## Fahrtkosten zur Arbeit (Schwerbehinderte/Merkzeichen G)

Um die steuerliche Belastung von Menschen mit einem anerkannten Behinderungs-grad zu senken, gibt es gewisse Sonderregelungen; so auch im Bereich der Fahrtkos-ten zur Arbeit.
Statt der normalen 30 Cent (bzw. ab dem 21.Kilometer 35 Cent) pro Kilometer auf der einfachen Entfernung, erhält man ab einem anerkannten Behinderungsgrad von 70% oder von 50% mit dem Merkzeichen „G" sogar diese Pauschale für den Hin- und Rück-weg.
An den sonstigen Bedingungen und Faktoren ändert sich nichts (siehe Steuertipp 23).

Das Beispiel aus der Praxis würde sich dann wie folgt verändern:
Eine Bürokauffrau ist innerhalb eines Kalenderjahres an 220 Tagen zur Arbeit gefah-ren. Ihr Arbeitsweg betrug dabei durchgehend 19 Kilometer für die Hinfahrt (einfache Entfernung).
Dann ergibt sich nun folgende Rechnung → 220 Tage x 0,30 € x 19 km x 2 = 2.508,- €
Auch diese 2.508,- € werden (wie vorher die 1.254,- €) ihr dann als Werbungskosten über die Entfernungspauschale angerechnet.

| | |
|---|---|
| **Formular:** | Anlage N |
| **Bereich:** | 9 – Wege zwischen Wohnung und erster Tätigkeitsstätte |
| **Zeilen:** | 31-35 (letzte Zeile ankreuzen) |
| **Eintragung**: | Adresse der Tätigkeitsstätte, Zeitraum, Arbeitstage je Woche, Urlaubs-, Krankheits-, Heimarbeits- und Dienst-reisetage, Anzahl Fahrten im Zeitraum + Kilometer je Fahrt + Fortbewegungsart |
| **Betrag:** | wird automatisch errechnet |

## Steuertipp 25

## Fahrtkosten zur Arbeit (öffentliche Verkehrsmittel)

Ein spezieller Steuertipp aus dem Bereich der Fahrtkosten ist dann besonders hilfreich, wenn man nur einen recht kurzen Arbeitsweg hat und diesen mit den öffentlichen Verkehrsmitteln zurücklegt.

Denn statt der Nutzung der vorher beschriebenen Entfernungspauschale, darf man auch ersatzweise die Kosten für eine Jahres- oder Monatskarte des öffentlichen Nahverkehrs komplett absetzen.

Auch wenn man diese Karte für private Fahrten nutzt, was ja sonst nicht absetzbar wäre, sind es in diesem Fall dennoch 100% der entstandenen Kosten.

Hierzu eine kurze Beispielrechnung bei einem Arbeitsweg von 9 Kilometern:

Eine Bürokauffrau fährt innerhalb eines Kalenderjahres an 220 Tagen zur Arbeit. Ihr Arbeitsweg betrug dabei durchgehend 7 Kilometer für die Hinfahrt (einfache Entfernung). Dann ergäbe sich bei der Entfernungspauschale nun wieder folgende Rechnung:

220 Tage x 0,30 € x 9 km = 594,- €

Hat sie diesen Weg aber mit den öffentlichen Verkehrsmitteln zurückgelegt und für ihre Monatskarten innerhalb des Jahres bspw. 840,- € bezahlt, dann ist es sinnvoll lieber die 840,- € statt der 594,- € für ihre Arbeitswege abzusetzen im Rahmen der Steuererklärung.

Gerade bei Arbeitswegen zwischen 1 - 15 Kilometer kann sich dies je nach Kosten für die Monats- oder Jahreskarte auszahlen.

| | |
|---|---|
| **Formular:** | Anlage N |
| **Bereich:** | 9 – Wege zwischen Wohnung und erster Tätigkeitsstätte |
| **Zeilen:** | 31-35 |
| **Eintragung:** | Adresse der Tätigkeitsstätte, Zeitraum, Arbeitstage je Woche, Urlaubs-, Krankheits-, Heimarbeits- und Dienstreisetage, Anzahl Fahrten im Zeitraum + Kilometer je Fahrt + Fortbewegungsart |
| **Betrag:** | In der vorletzten Zeile entstandene Kosten eintragen |

# Steuertipp 26

## Fahrtkosten (Auswärtstätigkeit)

Neben den Fahrkosten aus den vorherigen Tipps kann man bei Fahrten zu sogenannten Auswärtstätigkeiten noch mehr absetzen. Die wichtigste Unterscheidung ist hierbei immer, ob es sich eben um Fahrten zur ersten Tätigkeitsstätte oder aber zu einer anderen Tätigkeitsstätte handelt. Dies kann bspw. der Fall sein bei Fahrten zu:

- einer zweiten/weiteren Filiale im Einzelhandel oder Niederlassung
- zur Berufsschule oder Uni bei einer dualen Ausbildung/Studium
- zu Bewerbungsgesprächen und Fortbildungen
- bei Berufen mit wechselnden Einsatzorten, wie Berufskraftfahrer, Flug- und Zugbegleiter, Monteure/Handwerker/Mitarbeiter im Außendienst

Ist also im Arbeitsvertrag eine erste Tätigkeitsstätte bestimmt und fährt man beruflich veranlasst an einen anderen Ort oder gibt es generell keinen festen Arbeitsort, so handelt es sich hierbei meist um eine Auswärtstätigkeit, die steuerlich bevorzugt wird. Fahrtkosten können dann pauschal für diese Fahrten und Strecken für jeden Kilometer mit 30 Cent angesetzt werden und nicht wie bei der normalen Entfernungspauschale nur für die einfache Entfernung. Ersatzweise besteht natürlich auch die Möglichkeit, statt der Pauschale die tatsächlich entstandenen Reisekosten abzusetzen.

Wichtig: Von den absetzbaren Kosten müssen eventuell vom Arbeitgeber erstattete Beträge abgezogen werden, diese findet man auf der Lohnsteuerbescheinigung.

| | |
|---|---|
| **Formular:** | Anlage N |
| **Bereich:** | 16 – Reisekosten bei beruflich veranlassten Auswärtstätigkeiten |
| **Zeilen:** | 61, 62, 66 |
| **Eintragung**: | Grund der Fahrten, Anzahl der Fahrten, Kilometer (je Fahrt), Kilometer (gesamt = Anzahl Fahrten x Kilometer (je Fahrt)) |
| **Betrag:** | Entweder tatsächliche Fahrtkosten oder mit Kilometerpauschale errechnet aus 30 Cent x Kilometer (gesamt) + eventuell erhaltener steuerfreier Ersatz für diese Fahrten (Zeile 66) |

## Steuertipp 27

## Verpflegungsmehraufwand – Auswärtstätigkeit (Inland)

Neben den verbesserten Möglichkeiten, Fahrt- und Reisekosten bei einer Auswärtstätigkeit steuerlich abzusetzen, gibt es weitere Steuervorteile für den erhöhten Verpflegungsaufwand. Eine Person, die regelmäßig nur zu einer Tätigkeitsstätte, also dem gleichen Arbeitsort fährt, kann sich aus Sicht der Finanzverwaltung einfacher versorgen und verpflegen – auch wenn dies in der Praxis nicht immer der Fall ist. Aus diesem Grund wurden die Pauschbeträge für Mehraufwendung für Verpflegung geschaffen, um die korrekte Bezeichnung aus der Steuererklärung zu nennen. Für uns Laien bedeutet das die Möglichkeit, für jeden Tag einer Auswärtstätigkeit, d.h. einer Abwesenheit von zu Hause von mehr als acht Stunden, einen Pauschalbetrag abzusetzen. Dabei staffelt sich der absetzbare Betrag nach der Länge der Abwesenheit von zu Hause (nicht etwa reine Arbeitszeit, sondern wirklich Abwesenheit von zu Hause):

| | |
|---|---|
| Abwesenheit von mehr als 8 Stunden | 14,- € pro Tag |
| An- und Abreisetage (bei einer mehrtägigen Auswärtstätigkeit) | 14,- € pro Tag |
| Abwesenheit von 24 Stunden | 28,- € pro Tag |

Stellt der Arbeitgeber allerdings einen Teil oder die gesamte Verpflegung für diese Auswärtstätigkeiten oder ersetzt er davon einen Teil steuerfrei, muss man die genannten Pauschalwerte entsprechen kürzen.
Auch hierfür gibt es bei der Mahlzeitenstellung feste Sätze, die abzuziehen sind:
- 5,60 € für ein Frühstück
- 11,20 € jeweils für ein gestelltes Mittag- oder Abendessen

| | |
|---|---|
| **Formular:** | Anlage N |
| **Bereich:** | 17 – Pauschbeträge für Mehraufwendungen für Verpflegung |
| **Zeilen:** | 67-70, 72 |
| **Eintragung:** | Anzahl Tage >8 Stunden (Zeile 67), An- und Abreisetage (Zeile 68), Anzahl Tage >24 Stunden (Zeile 69), Kürzung für gestellte Mahlzeiten in Euro (Zeile 70), Betrag steuerfreier Ersatz vom Arbeitgeber (Zeile 72) |
| **Betrag:** | Zeile 70+72 selbst errechneten Betrag eintragen |

# Steuertipp 28

## Verpflegungsmehraufwand – Auswärtstätigkeit (Ausland)

Bei Auswärtstätigkeiten im Ausland ist ebenfalls ein Abzug für den Mehraufwand für die eigene Verpflegung möglich. Dort gelten zwar nicht die Sätze fürs Inland aus dem vorherigen Steuertipp, stattdessen wird jährlich eine Liste mit den gültigen Sätzen für die meisten Länder veröffentlicht. Damit möchte die Finanzverwaltung den unterschiedlichen Kostenniveaus der Länder gerecht werden. So sind die Preise für Essen, Trinken und generell für Nahrungsmittel in den meisten Industrieländern teurer als bspw. in Entwicklungs- oder Schwellenländern. Ergänzend gibt es für einige Städte oder Regionen eigene und vom Landessatz her abweichende Verpflegungssätze bzw. Pauschbeträge für den Verpflegungsmehraufwand (für Athen gilt bei 24 Stunden Abwesenheit ein Betrag von 46,- € und im übrigen Griechenland ein Betrag von 36,- €). Die grundsätzliche Einteilung für Abwesenheiten von mehr als 8 Stunden, den An- und Abreisetagen und Tagen mit 24 Stunden gilt auch hier.

Stellt der Arbeitgeber im Ausland einen Teil oder die gesamte Verpflegung für diese Auswärtstätigkeiten oder ersetzt er davon einen Teil steuerfrei, muss man diese Werte, wie auch beim Verpflegungsaufwand im Inland in Abzug bringen und das nicht mit einem festen Eurobetrag, sondern prozentual vom Pauschbetrag für 24 Stunden:

* 20 % für ein Frühstück
* 40 % jeweils für ein gestelltes Mittag- oder Abendessen

| | |
|---|---|
| **Formular:** | Anlage N |
| **Bereich:** | 17 – Pauschbeträge für Mehraufwendungen für Verpflegung |
| **Zeilen:** | 71-72 |
| **Eintragung:** | ausländischer Staat, Anzahl der jeweiligen Tage nach Abwesenheit und jeweils der dafür gültige Pauschbetrag in Euro (laut Tabelle), Betrag steuerfreier Ersatz vom Arbeitgeber (Zeile 72) |
| **Betrag:** | Die gültigen Pauschbeträge werden jährlich festgelegt + ersetzter Betrag (Zeile 72) |

## Steuertipp 29

## Übernachtungskosten (Inland und Ausland)

Für Übernachtungen und dazugehörige Kosten im Rahmen einer Auswärtstätigkeit gibt es ebenfalls steuerliche Möglichkeiten, die man neben dem Verpflegungsmehraufwand für sich nutzen kann, zumindest wenn man diese selbst getragen hat und sie nicht (z.B. vom Arbeitgeber) ersetzt wurden.
Unterschieden werden hierbei:

- Übernachtungen im Inland, die nur in tatsächlicher Höhe und nicht anhand von Pauschalen abgesetzt werden können
- Übernachtungen im Ausland, die entweder in tatsächlicher Höhe oder pauschal anhand der von der Finanzverwaltung erstellten Liste, aus denen auch die Verpflegungsmehraufwand-Pauschalen für das jeweilige Land hervorgehen

Beinhaltet eine Übernachtungsrechnung auch Anteile für Verpflegung (Frühstück, Halbpension oder Vollpension) und ist der Betrag dafür nicht gesondert aufgeführt, so muss der eigentliche Rechnungsbetrag entsprechend der beinhalteten Verpflegung wie folgt gekürzt werden:

- 20% für ein Frühstück
- jeweils 40% für Mittag- und ein Abendessen

bezogen auf den für den jeweiligen Ort gültigen Verpflegungsmehraufwand im In- oder Ausland. Damit möchte man eine doppelte Förderung vermeiden.

Sonderregel: Übernachtungen im eigenen Fahrzeug als Kraftfahrer können seit dem Steuerjahr 2020 pauschal mit 8,- € pro Übernachtung abgesetzt werden.

| | |
|---|---|
| **Formular:** | Anlage N |
| **Bereich:** | 16 – Reisekosten bei beruflich veranlassten Auswärtstätigkeiten |
| **Zeile:** | 63 |
| **Eintragung**: | Art der Unterbringung (Hotel, Pension etc.) |
| **Betrag:** | Gesamtbetrag der tatsächlich entstandenen Übernachtungskosten je Aufenthalt (Inland) oder anhand der Pauschalen (Ausland) |

## Steuertipp 30

## Homeoffice-Pauschale

In den letzten Jahren hat sich die Arbeitsweise für sehr viele Menschen verändert und immer mehr wird dazu übergegangen von zu Hause zu arbeiten. Hiermit verbunden sind im Regelfall höhere Kosten für Strom-, Gas- und Wasserverbrauch und höhere Heizkosten. Um diesen (Mehr-)Kosten Rechnung zu tragen und steuerlich eine Entlastung für die Betroffenen zu schaffen, hat man die Homeoffice-Pauschale neu eingeführt, welche man ab dem Steuerjahr 2020 nun nutzen kann. Zunächst gilt das auch für das Jahr 2022, was danach kommt wird aktuell noch auf politischer Ebene diskutiert und eine dauerhafte Fortführung dieser Regelung steht im Raum.

Damit man als betroffene Person die Mehrkosten nicht mühsam aufschlüsseln muss, was in der Realität häufig auch schwer bis gar nicht möglich ist, darf man als Vereinfachung 5,- € pro Tag im Homeoffice absetzen und das für maximal 120 Tage im Jahr. Insgesamt können sich dadurch somit 600,- € an Werbungskosten ergeben.

Wichtig: An den Tagen, für die man die Homeoffice-Pauschale ansetzt, darf man nicht auch noch zusätzlich die Entfernungs- oder Kilometerpauschale für einen Arbeitsweg nutzen.

| | |
|---|---|
| **Formular:** | Anlage N |
| **Bereich:** | 13 – Homeoffice-Pauschale |
| **Zeile:** | 63 |
| **Eintragung**: | Anzahl Tage im Homeoffice |
| **Betrag:** | Wird automatisch errechnet |

## Steuertipp 31

## Häusliches Arbeitszimmer

Das häusliche Arbeitszimmer ist eines der Lieblingsthemen der Finanzverwaltung, aufgrund der schwierigen Abgrenzung zwischen privaten Wohnräumen und dem beruflich genutzten häuslichen Arbeitszimmer.
Aus diesem Grund haben sich die Voraussetzungen mittlerweile deutlich verschärft. Wer allerdings die Bedingungen erfüllt, kann mit einem solchen Arbeitszimmer richtig Steuern sparen. Es lohnt sich also dieses Thema näher zu betrachten.
Nach einem Urteil aus dem Jahr 2016 steht nun fest, ein häusliches Arbeitszimmer setzt einen büromäßig eingerichteten Raum voraus, der nahezu ausschließlich für betriebliche oder berufliche Zwecke genutzt wird. Die beliebte Schlafcouch im Gästezimmer oder gar ein Bett, können schon ein Ausschlusskriterium sein oder aber ein Schrank mit Kleidung und Dingen des alltäglichen Lebens. Die Beweisführung ist hier für das Finanzamt aus der Ferne schwierig und meist wird ein häusliches Arbeitszimmer bei der erstmaligen Beantragung nur mit Rückfragen und weiteren Angaben akzeptiert. Dazu wird dann häufig u.a. eine Skizze oder der Grundriss der Wohnung/des Hauses angefordert. Wer nur eine Arbeitsecke in einem Raum hat, am Küchentisch sitzt oder nur in einem Flur oder Durchgangzimmer arbeitet, geht leider leer aus!

Ein weiterer Prüfpunkt ist dabei die Frage, ob für die berufliche Ausübung kein anderer eigener Arbeitsplatz (z.B. in der Firma oder bei Lehrern in der Schule/Lehrerzimmer) zur Verfügung steht. Glaubt einem das Finanzamt diesen Umstand, dann sind die absetzbaren Kosten allerdings auf 1.250,- € jährlich pro Person im Haushalt, die das Arbeitszimmer begrenzt. Eine solche Begrenzung entfällt nur, wenn das Arbeitszimmer sogar der Mittelpunkt der beruflichen oder betrieblichen Tätigkeit ist, was meist nur bei bestimmten Berufsgruppen, wie freie Journalisten, Schriftsteller, Grafikdesigner und Heimarbeiter anerkannt wird.

Wichtig: Arbeitet man nur ab und zu von zu Hause und sitzt ansonsten an einem eigenen Arbeitsplatz in der Firma/Büro, dann kommt das häusliche Arbeitszimmer als Steuervorteil nicht infrage und es bleibt dafür nur die Homeoffice-Pauschale aus dem vorherigen Steuertipp!

**Doch was kann man bei einem echten häuslichen Arbeitszimmer absetzen und wie?**

Im ersten Schritt ermittelt man den Anteil des Arbeitszimmers an der Gesamtwohnfläche. Ist das Arbeitszimmer also 15 qm groß und die gesamte Wohnung 100 qm, dann wären das 15%.

Man addiert im zweiten Schritt alle angefallenen Kosten der Wohnung, also u.a.:

- Miete (bei Immobilienbesitzern die Gebäudeabschreibung und Schuldzinsen für Kredite)
- Energie- und Wasserkosten
- Grundsteuer
- Reinigung
- Müllabfuhr
- Schornsteinfeger
- Hausratsversicherung
- Beitrag Mieterverein

und weitere...

Mieter finden dazu in ihrer Nebenkostenabrechnung die meisten Kosten. Von den so errechneten Jahresausgaben nimmt man nun seinen vorher ermittelten prozentualen Anteil. In unserem Bespiel waren das 15 %, die also hier von den Gesamtkosten absetzbar wären. Dazu kommen noch Kosten die ausschließlich das Arbeitszimmer betreffen, wie eine dortige Renovierung.

Die Ausstattung des Arbeitszimmers mit Schreibtisch und Stuhl, Aktenschränken, Drucker usw. kann man darüber hinaus als Arbeitsmittel ohne Begrenzung absetzen (mehr dazu im Steuertipp 32).

| | |
|---|---|
| **Formular:** | Anlage N |
| **Bereich:** | 12 – Aufwendungen für ein häusliches Arbeitszimmer |
| **Zeile:** | 44 |
| **Eintragung:** | Art der entstandenen Kosten |
| **Betrag:** | Tatsächlich entstandene Kostenanteile von den Gesamtkosten |

## Steuertipp 32

## Arbeitsmittel

Unter den Begriff der Arbeitsmittel können sehr viele Dinge fallen. Wichtig ist hierbei wieder die direkte und überwiegende berufliche Nutzung. Bei einer maximal 10%igen Privatnutzung, sind die Kosten für ein solches Arbeitsmittel in voller Höhe absetzbar. Ansonsten muss die Nutzung gegenüber dem Finanzamt nachgewiesen und gegebenenfalls eine prozentuale Aufteilung errechnet werden. Dies kann mithilfe eines Nutzungstagebuches über einen repräsentativen Zeitraum (meist drei Monate) geschehen. Dazu schreibt man in diesem Zeitraum auf, wie viel Zeit für die berufliche und wieviel für die private Nutzung stattgefunden hat – klingt aufwendig, kann sich aber lohnen.

Es gibt statt des Nutzungstagebuchs je nach Arbeitsmittel und ausgeübter beruflicher Tätigkeit teilweise pauschale Anteile, die immer häufiger akzeptiert werden.

Im Teilbereich „Werbungskosten" findest du in diesem Buch viele Steuertipps zu einzelnen, sehr häufig vorkommenden Arbeitsmitteln und auch deren akzeptierte Prozentwerte. Sei es die berufliche Nutzung des Internetanschlusses, ein angeschaffter Laptop oder Computer, Büroeinrichtung für zu Hause, Fachbücher, Software, Berufskleidung und dessen Reinigungskosten und vieles mehr können in den Bereich der Arbeitsmittel fallen – hier ist also etwas Kreativität hilfreich.

Wichtig: Arbeitsmittel, die netto nicht mehr als 800,- € gekostet haben, können je nach Nutzungsgrad komplett im Anschaffungsjahr abgesetzt werden. Waren die Anschaffungskosten höher, müssen die Kosten auf die für den Gegenstand vorgeschriebenen Nutzungsjahre verteilt werden (hierzu gibt es die sogenannten AfA-Tabellen mit den Jahren). Eine Ausnahme bilden aber mittlerweile Computer und digitale Güter, welche unabhängig von den Kostendirekt im Anschaffungsjahr absetzbar sind und nicht abgeschrieben werden müssen.

Immer wieder höre ich auch von einer Arbeitsmittel-Pauschale in Höhe von 110,- €, auf die man einen Anspruch hat. Allerdings stimmt dies so nicht, denn ein Rechtsanspruch hierauf gibt es nicht. Vielmehr sind die Finanzämter dazu übergegangen, einen solchen Ansatz nicht weiter zu hinterfragen und als Nichtbeanstandungsgrenze zu verstehen. Sollte es im Einzelfall Rückfragen dazu geben, muss man Nachweise vorlegen können.

## Steuertipp 33

## Mobilfunk-, Internet- und Festnetzkosten

Fast jeder von uns bezahlt heutzutage höchstwahrscheinlich mindestens für einen, wenn nicht sogar für alle drei genannten Dienste.
Die Kosten hierfür sind tatsächlich in vielen Fällen als Werbungskosten absetzbar, denn zunehmend verschmilzt das Privatleben mit dem Beruf – und wir wissen ja: Beruflich verursachte Kosten sind Werbungskosten und können uns Steuern sparen.

Ist man also für den Vorgesetzten, die Teamleiterin oder vielleicht sogar für Kunden auch auf seiner eigentlich privaten Mobil- oder Festnetznummer erreichbar oder nutzt man beim Arbeiten von zu Hause seinen dortigen Internetanschluss, liegt ein beruflicher Zusammenhang vor und ein Teil der anfallenden Kosten wird dadurch absetzbar. Um zu ermitteln, wie groß der prozentuale Anteil der beruflichen Nutzung wirklich ist, gibt es zwei unterschiedliche Methoden.

1.) Man führt über einen längeren Zeitraum bspw. drei Monate ein sogenanntes Nutzungstagebuch, in das man die privaten und beruflichen Anrufe, Nachrichten oder Nutzungszeiten einträgt und wodurch man dann seine Anteile relativ genau berechnen kann. Diesen Prozentwert darf man nun auf das gesamte Jahr und die gezahlten Kosten anwenden

2.) Man setzt 20% der angefallenen Kosten bis zu einem Betrag von jährlich 240,- € pauschal und ohne einzelne Aufzeichnungen an

Für das Finanzamt müssen die Werte plausibel sein und je nach Berufsgruppe sind pauschal auch höhere Prozentwerte völlig normal, wie z.B. bei Außendienstmitarbeiterinnen, Immobilien- und Versicherungsmaklern, Journalisten, Lehrkräften, Projektmanagerinnen, Sozialarbeitern etc. Es kommt auf den Einzelfall an.

| | |
|---|---|
| **Formular:** | Anlage N |
| **Bereich:** | 11 – Aufwendungen für Arbeitsmittel |
| **Zeile:** | 42 |
| **Eintragung**: | Art des Arbeitsmittels (Mobilfunk- oder Internetvertrag) |
| **Betrag:** | Entstandener oder errechneter Betrag (bspw. anteilige Nutzung) |

## Steuertipp 34

## Laptop und PC (+ Zubehör)

Laptops und PCs werden heutzutage auf vielfältige Art und Weise genutzt. Sei es zum Spielen, private E-Mails verfassen, Programme nutzen oder aber auch im beruflichen Zusammenhang. Dieser berufliche Anteil kann dazu führen, dass wir einen Teil der Anschaffungskosten für einen Laptop oder PC und dazugehöriges Zubehör steuerlich nutzen können.

Häufig stellt sich also die Frage: Wie groß ist der Anteil der privaten und der beruflichen Nutzung eines Gerätes? Die Antwort hierzu:

1.) Man fertigt ein Nutzungstagebuch über einen repräsentativen Zeitraum (drei Monate) an und kann dadurch eine prozentuale Aufteilung errechnen

2.) Man setzt einen pauschalen Wert an, der sich nach der entsprechenden Berufsgruppe richtet. Je deutlicher der Bezug zu PC und Laptop erkennbar ist, umso besser die Möglichkeiten. Häufig wird dabei ein beruflicher Anteil von pauschal 50 % für Berufsgruppen wie Lehrer, kaufmännische Angestellte, Rechtsanwälte etc. akzeptiert.

Darüber hinaus können Personen mit eindeutigem beruflichem Bezug sogar pauschal 80% der Kosten geltend machen. Gute Chancen haben dabei Wissenschaftlerinnen, Journalisten, Redakteure und Grafiker, Mitarbeiter in der EDV und Informatiker sowie Mitarbeiter im Außendienst oder Lehrerinnen für den Fachbereich Informatik.

Wer sein Gerät nur zu maximal 10% privat nutzt und dies nachweisen kann, der darf sogar 100% der getragenen Kosten absetzen. Eine Arbeitgeberbescheinigung kann dafür sehr hilfreich sein – ist aber dennoch keine Garantie für die Anerkennung.

Wichtig: Es sind immer nur diejenigen Kosten absetzbar, die man tatsächlich selbst getragen hat. Von der Firma bereitgestellte Geräte können nicht abgesetzt werden.

| | |
|---|---|
| **Formular:** | Anlage N |
| **Bereich:** | 11 – Aufwendungen für Arbeitsmittel |
| **Zeile:** | 42 |
| **Eintragung:** | Art des Arbeitsmittels (Laptop, PC, Drucker, Maus etc.) |
| **Betrag:** | Entstandener oder errechneter Betrag (bspw. anteilige Nutzung) |

## Steuertipp 35

## Berufskleidung (Anschaffungskosten)

In vielen Berufen gibt es Kleidung, die man als gängig erwarten könnte. Nicht immer handelt es sich dabei um Berufskleidung nach steuerlichen Gesichtspunkten. Ein Kostüm als Bankerin, ein Hemd und gute Schuhe als Mobilfunkverkäufer oder Optiker, spezielle Thrombosestrümpfe für Zug- und Flugbegleiter – Alles Kleidungsstücke, die man als gängig und angebracht in diesen Berufen erachten könnte – grundsätzlich stellen diese dennoch keine absetzbare Berufskleidung dar.

Der Gesetzgeber und die Finanzämter sehen dafür weitere Voraussetzungen, denn wie ich es schon in anderen Steuertipps bei den Werbungskosten beschrieben habe, geht es meist um einen eindeutigen übergeordneten beruflichen oder betrieblichen Bezug. Ein Kostüm, ordentliches Hemd und Schuhwerk, Strümpfe und Socken scheinen zwar angemessen für die aufgezählten Berufe, können aber genauso privat getragen werden.

Anders sehe es aus, wenn auf den erwähnten oder auch sonstigen Kleidungsstücken ein Logo des Arbeitgebers oder der Firma deutlich sichtbar aufgebracht wäre, dann kommt eine Anerkennung als Berufskleidung regelmäßig doch infrage und die Kosten werden dadurch absetzbar und das ohne Kürzung für mögliche private Nutzung.

Ebenfalls gute Chancen hat man bei Arbeitsschutzkleidung, die auf den jeweiligen Beruf zugeschnitten ist.

Wichtig: Es sind immer nur diejenigen Kosten absetzbar, die man tatsächlich selbst bezahlt hat. Stellt einem die Firma solche Berufskleidung ohne Kosten für den oder die Mitarbeiterin, kommt lediglich die auf eigene Kosten durchgeführte Reinigung zum Absetzen infrage (dazu mehr im nächsten Steuertipp 36).

| | |
|---|---|
| **Formular:** | Anlage N |
| **Bereich:** | 11 – Aufwendungen für Arbeitsmittel |
| **Zeile:** | 42 |
| **Eintragung:** | Art der Berufskleidung |
| **Betrag:** | Selbst getragener Betrag der Anschaffungskosten |

## Steuertipp 36

## Berufskleidung (Reinigungskosten)

Wer den vorherigen Steuertipp gelesen hat, kennt ja schon die Voraussetzungen, um seine durch Berufskleidung entstandenen Kosten erfolgreich abzusetzen.
Wird die Reinigung durch den Betrieb oder Arbeitgeber organisiert und auf dessen Kosten durchgeführt oder aber es werden die Kosten erstattet, sind in einem solchen Fall für den einzelnen Mitarbeiter keine Kosten absetzbar.
Anders sieht es aus, wenn man selbst die Reinigung bspw. zu Hause, in einer Wäscherei oder einem Waschsalon auf eigene Kosten durchführt. In einem solchen Fall können die entstandenen Aufwendungen abgesetzt werden – entweder man hat noch die Rechnungen einer Wäscherei und setzt die Summe davon ab oder schätzt die Kosten. Mit dieser Frage haben sich schon viele Gerichte beschäftigt und mittlerweile gibt es dadurch Richtwerte, an denen man sich hierfür orientieren kann.

Häufig wird dafür die folgende Tabelle mit Werten des Bundesverbands der Verbraucherzentralen e.V. verwendet:

|  | 1 Person | 2 Personen | 3 Personen | 4 Personen |
|---|---|---|---|---|
| **Wäsche waschen** | | | | |
| Kochwäsche 90 Grad | 0,77 Euro/kg | 0,50 Euro/kg | 0,43 Euro/kg | 0,37 Euro/kg |
| Buntwäsche 60 Grad | 0,76 Euro/kg | 0,48 Euro/kg | 0,41 Euro/kg | 0,35 Euro/kg |
| Pflegeleichte Wäsche | 0,88 Euro/kg | 0,60 Euro/kg | 0,53 Euro/kg | 0,47 Euro/kg |
| **Wäsche trocknen** | | | | |
| Kondenstrockner | 0,55 Euro/kg | 0,34 Euro/kg | 0,29 Euro/kg | 0,24 Euro/kg |
| Ablufttrockner | 0,41 Euro/kg | 0,26 Euro/kg | 0,23 Euro/kg | 0,19 Euro/kg |
| Kondenstrockner | 0,55 Euro/kg | 0,34 Euro/kg | 0,29 Euro/kg | 0,24 Euro/kg |
| **Bügeln** | | | | |
| Dampfbügeleisen | 0,07 Euro/kg | 0,05 Euro/kg | 0,05 Euro/kg | 0,05 Euro/k |

*Hinweis: Bei Koch- und Buntwäsche geht man für eine Waschmaschinenfüllung von fünf Kilogramm aus, bei Fein- oder Pflegeleichtwäsche von 2,5 Kilogramm.*

Bei regelmäßiger Wäsche können durchaus 100–300,- € an Werbungskosten anfallen. Eingetragen werden die Kosten dort, wo auch die Anschaffungskosten zu finden sind.

# Steuertipp 37

# Bewerbungskosten

Wer sich auf eine Arbeitsstelle bewirbt, möchte damit Einnahmen erzielen und kann deshalb die entstandenen Aufwendungen als Werbungskosten absetzen.
Die Möglichkeiten sind hierbei wirklich vielfältig. Ausgaben für:

- Bewerbungsfotos
- Büromaterial (z.B. Bewerbungsmappe, Klarsichtfolien, Stifte, usw.)
- Druckkosten
- Porto und Versand
- Zeitungen mit Jobinseraten
- Bewerbungsratgeber und Coaching/Seminare

Für alle, die diese Kosten nicht einzeln aufschlüsseln möchten und können, gibt es auch hier einen meist anerkannten Richtwert. So kann man für eine schriftliche Bewerbung 8,50 € und für eine digitale Bewerbung 2,50 € ansetzen, hat das Finanzgericht Köln in seinem Urteil (FG Köln v. 7. 7. 2004 – 7 K 932/03) entschieden.
Zusätzlich zu diesen Kostenpunkten, gibt es noch zwei weitere Möglichkeiten:

**1. Fahrt-, Reise und Übernachtungskosten:**
Um an einem vorbereitenden Seminar oder einem persönlichen Bewerbungsgespräch teilzunehmen, muss man dorthin fahren, fliegen oder auch laufen. Die dabei zurückgelegte Strecke kann man entweder mit den konkreten Kosten (Flug-, Zug, Busticket) absetzen oder aber man bedient sich der Kilometerpauschale mit 30 Cent pro km, welche hier sogar für den Hin- und Rückweg angesetzt werden darf. Ist man bspw. zu einem 300 km entfernten Gespräch gefahren, ergibt das für beide Strecken 600 km und dafür gibt es 30 Cent pro Kilometer, also absetzbare Kosten von 180,- €.

**2. Verpflegungsmehraufwand:**
Bei einer Abwesenheit von mehr als 8 Stunden von zu Hause, kann man außerdem den Verpflegungsmehraufwand ansetzen (Werte dazu im Steuertipp 27).

| | |
|---|---|
| **Formular:** | Anlage N |
| **Bereich:** | 15 – Weitere Werbungskosten |
| **Zeile:** | 48 |
| **Eintragung**: | Bezeichnung der Bewerbungskosten |
| **Betrag:** | Tatsächliche Kosten oder errechneter Betrag (pauschal) |

## Steuertipp 38

## Fachbücher und Zeitschriften

Unsere Arbeitswelt wird zwar immer digitaler, dennoch gibt es weiterhin Fachbücher und Zeitschriften, die uns mit Wissen und Informationen rund um ein bestimmtes Themenfeld versorgen. Neben Lehrbüchern fürs Studium oder die Ausbildung, können das auch Magazine und Zeitschriften mit einem fachlichen und vor allen Dingen klaren beruflichen Bezug sein. Ist dies gegeben, dann kann man die angefallenen Kosten ebenfalls als Arbeitsmittel (Werbungskosten) in der Steuererklärung absetzen – immerhin dienen die Informationen ja einem beruflichen oder betrieblichen Zweck und damit der Einkommenserzielung oder -sicherung.

Allgemeinbildende Literatur kann zwar indirekt auch der beruflichen Qualifikation nutzen, in diesem Fall ist aber ein privater Nutzen so groß, dass solche Werke meist abgelehnt werden. Der direkte Bezug zur Tätigkeit der Person ist im Einzelfall entscheidend. Ein Börsenratgeber ist für einen Wirtschaftsjournalisten eher ein Arbeitsmittel als für einen Privatanleger, der gern Geld in der Freizeit anlegt oder ein spezielles Wörterbuch bei einer Lehrkraft eher als bei einer Architektin.

Hinweis: Siehe unbedingt auch Steuertipp 40. Dort erkläre ich, inwieweit man die kosten für dieses Buch hier auch als Werbungskosten absetzen kann.

| | |
|---|---|
| **Formular:** | Anlage N |
| **Bereich:** | 11 – Aufwendungen für Arbeitsmittel |
| **Zeile:** | 42 |
| **Eintragung**: | Art der Fachliteratur (ergänzt durch Titel und Thema) |
| **Betrag:** | Selbst getragene Anschaffungskosten |

## Steuertipp 39

## Kontoführungsgebühren – Girokonto

Trotz der Missbilligung ihrer Kunden erheben immer mehr Banken Kontoführungsgebühren fürs Girokonto. Tägliche Zahlungen, Überweisungen und das Gehalt werden darüber abgewickelt. Und da werden wir hellhörig, denn klar ein Teil des Girokontos verwenden wir durch den Gehaltseingang beruflich.

Auch hier liegt also zumindest teilweise ein Bezug zur Einkommenserzielung vor und es handelt sich damit um Werbungskosten. Leider bezieht sich das aber nicht auf die gesamten gezahlten Kontogebühren, sondern nur auf den beruflich veranlassten Teil. Spätestens jetzt fragt sich jeder normale Mensch, wie man das denn voneinander trennen soll und auch die Banken stellen ja nur eine Gesamtrechnung für die Kontoführungsgebühren ohne Aufteilung zwischen privaten und beruflichen Anteilen.
Es geht aber auch einfacher, damit man nicht mit leeren Händen dasteht – mittlerweile hat sich nämlich, wie bei den Arbeitsmitteln mit den 110,- €, für die Kontoführungsgebühren ebenfalls eine Nichtbeanstandungsgrenze etabliert, und zwar 16,- € pro Jahr. Das wird fast immer akzeptiert und erspart mühsame Diskussionen und Rückfragen des Finanzamts.

Betriebliche Geschäftskonten sind hiervon selbstverständlich nicht betroffen und sind komplett als Betriebsausgaben ansetzbar.

| | |
|---|---|
| **Formular:** | Anlage N |
| **Bereich:** | 15 – Weitere Werbungskosten |
| **Zeile:** | 48 |
| **Eintragung**: | Girokontogebühren |
| **Betrag:** | Tatsächliche Kosten oder 16,- € |

## Steuertipp 40

## Kosten für Steuererklärung und Steuerhilfe

So viel vorweg: Die Anschaffungskosten für dieses Buch hier kann man ebenfalls als Werbungskosten absetzen. Gut, oder?

Zwar zählt das Buch nicht als absetzbares Arbeitsmittel, aber es hilft bei der Steuererklärung und dort bei der Ermittlung der Einkünfte bspw. durch Steuertipps zu Werbungskosten in der Anlage N.

Solche Kosten können abgesetzt werden. Das betrifft in der Praxis diesen und andere Steuerratgeber, eine kostenpflichtige Steuererklärungssoftware, Beiträge für einen Lohnsteuerhilfeverein und auch Steuerberatergebühren. Allerdings sind auch hier nicht alle Kosten direkt absetzbar, sondern eine Aufteilung ist gefordert. Um es an dieser Stelle nicht zu kompliziert werden zu lassen, nenne ich die vereinfachten Varianten, welche für die meisten Privatpersonen relevant und ausreichend sind:

1.) bis zu einem Betrag von 100,- € muss für solche Kosten keine Aufteilung erfolgen und sie sind vollständig absetzbar
   oder aber
2.) man wählt die pauschale Aufteilung und setzt nur die Hälfte der angefallenen Kosten an, was sich im Verhältnis zur ersten Variante rechnerisch ab einem Betrag von 202,- € lohnt (202,- € : 2 = 101,- € absetzbare Werbungskosten).

Bei sehr hohen individuellen Kosten für einen Steuerberater bleibt aber ergänzend der Weg des Einzelnachweises, in dem die Steuerberaterin oder der Steuerberater auf der Rechnung die absetzbaren Gebührenanteile aufteilt und einzeln ausweist. Dann ist alles, was an Leistung rund um die Ermittlung von Einkünften abgerechnet und bezahlt wurde, zu 100% absetzbar.

| | |
|---|---|
| **Formular:** | Anlage N |
| **Bereich:** | 15 – Weitere Werbungskosten |
| **Zeile:** | 48 |
| **Eintragung:** | Name der Steuersoftware/Art der steuerlichen Beratung |
| **Betrag:** | Tatsächliche Kosten |

## Steuertipp 41

## Gewerkschaftsbeiträge und Berufsverbände

In vielen Berufsgruppen gibt es Verbände und Interessensvertretungen, bei denen man Mitglied werden kann oder oftmals sogar muss, wobei die Mitgliedschaft kostenpflichtig ist (Beamtenbund, Ärzte- und Handwerkskammer, Berufsgenossenschaften und viele mehr).

Dazu kommen die Gewerkschaften mit fast sechs Millionen Mitgliedern. Die dafür gezahlten Mitgliedsbeiträge oder -gebühren zählen ebenfalls zusammen mit den Zahlungen an Berufsverbände zu den Werbungskosten und sind in der Steuererklärung absetzbar. In der Regel wird für diese Beiträge automatisch eine Bescheinigung erstellt. Es gibt keine Pauschalen oder Kürzungen – der volle Betrag ist absetzbar.

Wichtig: Gezahlte Beiträge an Versorgungseinrichtungen des jeweiligen Berufsverbandes sind nicht als Werbungskosten, sondern in der Regel als Vorsorgeaufwendungen absetzbar (siehe Steuertipp 58).

| | |
|---|---|
| **Formular:** | Anlage N |
| **Bereich:** | 10 – Beiträge zu Berufsverbänden |
| **Zeilen:** | 41 |
| **Eintragung**: | Name der Gewerkschaft/Berufsverbandes |
| **Betrag:** | Tatsächliche Kosten |

## Steuertipp 42

## Unfallversicherung (beruflicher Anteil)

Beiträge zu bestimmten Versicherungen sind grundsätzlich Vorsorgeaufwendungen und werden an der entsprechenden Anlage in der Steuererklärung eingetragen und abgesetzt. Allerdings gibt es Versicherungen, die einen unter Umständen auch bei der Arbeit schützen, wie eine private Unfallversicherung. Diese schützt weltweit und das im privaten und beruflichen Alltag. Hier kann es sinnvoll, sein den Versicherer um eine Bestätigung zu bitten, wie groß der Anteil für den beruflichen Schutz vom gezahlten Versicherungsbeitrag war und diesen als Werbungskosten abzusetzen. Bei den Vorsorgeaufwendungen gibt es nämlich Höchstsätze, die man meist schon durch seine gesetzlichen Renten- und Krankenversicherungsbeiträge ausschöpft. Im Bereich der Werbungskosten gibt es diese Höchstsätze für Versicherungsbeiträge nicht.
(Eintragungshinweis siehe Hinweisbox unten)

## Steuertipp 43

## Rechtsschutzversicherung (beruflicher Anteil)

Ähnliches gilt auch für die Beiträge, welche man an eine Rechtsschutzversicherung für den Arbeitsrechtsschutz entrichtet hat. Auch hier besteht ja ein beruflicher Bezug für diesen Teilbereich des Schutzes und die darauf entfallenden Beiträge stellen dadurch ebenfalls Werbungskosten dar. Du solltest einfach eine Beitragsbescheinigung des Versicherers mit dem Beitrag für den Arbeitsrechtsschutz anfordern. Einige Versicherungsgesellschaften machen dies allerdings auch schon automatisch.

| | |
|---|---|
| **Formular:** | Anlage N |
| **Bereich:** | 15 – Weitere Werbungskosten |
| **Zeile:** | 48 |
| **Eintragung**: | Versicherungsart (beruflicher Anteil) |
| **Betrag:** | Beitragsanteil für beruflichen Bezug |

# Steuertipp 44

## Umzugskosten (beruflich) – Allgemeine Umzugskosten

Ein beruflich bedingter Umzug ist wohl eines der klassischen Beispiele für Werbungskosten. Ander als ein reiner privater Umzug, dessen Kosten nur als haushaltsnahe Aufwendungen abgesetzt werden können, sind die Möglichkeiten bei einer beruflichen Veranlassung deutlich größer.

Ein Umzug kann bspw. bei folgenden Fällen als beruflich gewertet werden:

- Wechsel der Arbeitsstelle
- Versetzung an einen anderen Ort
- Umzug für erstmaligen Arbeitsantritt
- Beginn oder Ende einer doppelten Haushaltsführung (Steuertipp 46)

In der Praxis führt aber häufig noch ein weiterer Grund regelmäßig zu Diskussionen mit der Finanzverwaltung und das ist die Verkürzung des Arbeitsweges. Dank einiger Urteile hat man aber mittlerweile als Steuerzahler gute Chancen, wenn man die regelmäßige und übliche Fahrtzeit zur Arbeitsstelle durch den Umzug um mindestens eine Stunde pro Tag (für den Hin- und Rückweg zusammen) verkürzt.

Erfüllt man eine oder mehrere der genannten Voraussetzung, dann kommt der Abzug als Werbungskosten infrage und bringt vielfältige Möglichkeiten mit sich:

- tatsächlich entstandene Fahrtkosten oder pauschal mit 30 Cent pro Kilometer (für Hin- und Rückweg beim Umzug selbst oder auch zu Besichtigungsterminen und der Wohnungsübergabe)
- Kosten für Umzugsfirma, Helfer oder Montage
- Kosten für Verpackungsmaterial (Kartons, Folien)
- Gebühren für Halteverbotszone(n)
- Vermittlungs- und Maklergebühren (nur bei Mietobjekten)
- Miete (wenn vorübergehend zwei Mieten gezahlt werden müssen, da die neue Wohneinheit noch nicht direkt nutzbar ist. Für die alte Wohneinheit bis zu sechs und für die neue bis zu drei Monatsmieten)

| | |
|---|---|
| **Formular:** | Anlage N |
| **Bereich:** | 15 – Weitere Werbungskosten |
| **Zeile:** | 48 |
| **Eintragung:** | Art der Umzugskosten |
| **Betrag:** | Angefallene Kosten |

## Steuertipp 45

# Umzugskosten (beruflich) – Umzugskostenpauschale

Zusätzlich zu den im vorherigen Steuertipp 44 genannten (direkten) Umzugskosten gibt es aber auch häufig weitere Kosten, die ein Orts- und Wohnungswechsel mit sich bringt. Sei es der fachmännische Anschluss von elektrischen Geräten, Umschreibungsgebühren für Personalausweis und Kfz-Ummeldung inklusive Kennzeichen oder auch Trinkgelder und Verpflegungskosten für Umzugshelfer. Für diese sonstigen Kosten darf man statt einer mühseligen Einzelaufstellung- und ggfls. Nachweis die sogenannte Umzugspauschale nutzen, die sich nach dem Familienstand und der Anzahl der umgezogenen Personen richtet.
Seit 01.06.2020 gültige Tabelle aus dem Bundesumzugskostengesetz:

| Umzugszeitpunkt | Berechtigte Person | Jede weitere Person |
|---|---|---|
| Ab 01.04.2022 | 886,- € | 590,- € |
| 01.04.2021 – 31.03.2022 | 870,- € | 580,- € |
| 01.06.2020 – 31.03.2021 | 860,- € | 573,- € |

*Zu den weiteren Personen zählen aktuell Ehepartner, Lebenspartner, ledige Kinder sowie Stief- und Pflegekinder.*

| | |
|---|---|
| **Formular:** | Anlage N |
| **Bereich:** | 15 – Weitere Werbungskosten |
| **Zeile:** | 48 |
| **Eintragung**: | Umzugskostenpauschale |
| **Betrag:** | Pauschalbetrag nach Anzahl der Personen (siehe Tabelle) |

## Steuertipp 46

## Doppelte Haushaltsführung (Zweitwohnsitz)

Neben den bereits erklärten Umzugskosten sind auch Kosten die für einen beruflich bedingten Zweitwohnsitz anfallen steuerlich absetzbar. Um einen Zweitwohnsitz steuerlich anerkannt zu bekommen, werden seit 2020 die folgenden vier Voraussetzungen geprüft:

1.  Durch den neuen Zweitwohnsitz wird mindestens die Hälfte der regelmäßigen Fahrzeit zur Arbeit eingespart
2.  Der Erstwohnsitz liegt mehr als 50 km von der neuen Tätigkeitsstätte entfernt oder ist in einer Stunde von dort erreichbar
3.  Der Zweitwohnsitz sollte nicht weiter als 50 km von der neuen Tätigkeitsstätte entfernt liegen
4.  Der Mittelpunkt des Privat- und Familienlebens liegt weiterhin am ersten Wohnsitz und man zahlt dort mindestens 10% der Kosten (wichtig auch für Studenten oder Auszubildende mit Zweitwohnsitz). Hierzu läuft aktuell ein Verfahren unter dem **Aktenzeichen VI R 39/19**. Bei Bedarf bitte den aktuellen Stand über den Aktualisierungsservice abrufen (siehe Link und Zugangscode vorne im Buch).

Sind alle vier Voraussetzungen erfüllt, so können die laufenden Kosten (Warmmiete, Internet, Strom und Gas etc.) für den neuen Zweitwohnsitz bis maximal 1.000,- € mtl. berücksichtigt werden. Darüber hinaus sind notwendige Einrichtungsgegenstände und Hausrat in voller Höhe absetzbar und werden nicht auf die Begrenzung angerechnet – die Kosten müssen allerdings angemessen sein und bei Geräten und Möbeln ggfs. auf mehrere Jahre abgeschrieben, also verteilt werden (siehe Steuertipp 94).
Außerdem darf man für die ersten drei Monate nach dem Umzug in den neuen Wohnsitz zusätzlich den Verpflegungsmehraufwand geltend machen (siehe Steuertipp 27). Für Fahrten zum Erstwohnsitz, an dem sich der Lebensmittelpunkt befinden muss, akzeptiert das Finanzamt einmal wöchentlich eine Heimfahrt und man kann für diesen Weg die Entfernungspauschale (30 Cent pro km/35 Cent ab dem 21. km) nutzen.

| | |
|---|---|
| **Formular:** | Anlage N |
| **Bereich:** | 19 – Mehraufwendungen für doppelte Haushaltsführung |
| **Zeilen:** | 91-117 |
| **Eintragung**: | Diverse Angaben zum Zweitwohnsitz |
| **Betrag:** | angefallene Kosten |

## Steuertipp 47

## Werbungskosten (Rentner)

Generell sind Werbungskosten Ausgaben, die im Zusammenhang mit jetzigen und späteren Einkünften anfallen. Dies gilt selbstverständlich auch für Rentenzahlungen und damit verbunden für Rentnerinnen und Rentner.

Auch wenn die steuerlichen Möglichkeiten vielleicht nicht mehr ganz so vielfältig sind, wie zur normalen Erwerbszeit mit täglichen Fahrwegen, benötigten Arbeitsmitteln und beruflichen Versicherungen, so gibt es dennoch auch als Rentner gewisse absetzbare Werbungskosten. Dies können u.a. folgende sein:

- Steuerberater (Kostenanteil für Anlage R)
- Steuererklärungssoftware (bis 100,- € ohne Kürzung)
- Rentenberater
- Kosten für Beantragung der Rente (Kilometerpauschale, Telefonkosten, Bürobedarf, Porto usw.)
- gezahlte Gewerkschaftsbeiträge
- Kontoführungsgebühr (Nichtbeanstandungsgrenze meist 16,- €)
- Rechtsanwalts- und Gerichtsgebühren bei Rentenstreitigkeiten

Wichtig: Bei Rentnerinnen und Rentnern wird ebenfalls automatisch ein Werbungskostenpauschbetrag vom Finanzamt berücksichtigt, welcher 102,- € pro Jahr und Person beträgt. Liegen die eigenen nachweisbaren Kosten darüber, dann unbedingt in der Steuererklärung eintragen und dadurch Steuern sparen.

| | |
|---|---|
| **Formular:** | Anlage R |
| **Bereich:** | 5 – Werbungskosten |
| **Zeile:** | 37 und 38 (je nach dem zu welcher Rentenart die Kosten gehören) |
| **Eintragung**: | Art der Werbungskosten (siehe oben im Text) |

# Außergewöhnliche Belastungen: Wenigstens absetzen!

Eine Aufgabe der Steuererklärung ist es neben der Feststellung der Einkünfte auch finanzielle Ungleichheiten durch Steuervorteile etwas abzumildern. So gibt es einen speziellen Entlastungsbetrag für Alleinerziehende, man kann einen Behindertenpauschbetrag je nach Grad der Behinderung angerechnet bekommen und man kann eben auch Kosten geltend machen, die zu den sogenannten Außergewöhnlichen Belastungen zählen und die im Leben unfreiwillig eintreten können.

**Grundsätzlich sind außergewöhnliche Belastungen alle Kosten, die dem Großteil der Steuerzahler üblicherweise nicht entstehen, denen man sich nicht entziehen kann (die also zwangsläufig sind), die selbst getragen wurden und einen zumutbaren Eigenanteil übersteigen.**

Wichtig: Dieser zumutbare Eigenanteil berechnet sich individuell nach dem Familienstand und der Anzahl der Kinder und wird dann prozentual zum Einkommen berechnet. Folgende Werte müssen dabei überschritten werden:

| Familienstand | Jahreseinkünfte in Euro | | |
|---|---|---|---|
| | bis 15.340,- | bis 51.130,- | über 51.130,- |
| Ledige ohne Kind | 5% | 6% | 7% |
| Verheiratete ohne Kind | 4% | 5% | 6% |
| mit 1 oder 2 Kindern | 2% | 3% | 4% |
| mit mehr als 2 Kindern | 1% | 1% | 2% |

*Jede Stufe wird dabei einzeln berechnet.*

Eine ledige Person mit einem Kind und Brutto-Jahreseinkünften von 35.340,- € müsste demnach eine zumutbare Eigenbelastung von 906,80 € selbst tragen (1. Stufe 2% von 15.340,- € = 306,80 € + 2. Stufe 3 % von 20.000,- € = 600,- €).

## Steuertipp 48

## Medikamente und Arzneimittel

Auch wenn ein nicht unerheblicher Teil der Kosten für medizinisch notwendige Medikamente und Arzneimittel von der Krankenkasse oder der privaten Krankenversicherung übernommen wird, bleibt immer häufiger ein selbst zu zahlender Anteil für den Versicherten übrig. Diese Ausgaben zählen zu den außergewöhnlichen Belastungen!

Wichtig: Nur ärztlich verordnete Medikamente, für die ein Rezept vorliegt, können berücksichtigt werden. Für die private Haushaltsapotheke vorsorglich angeschaffte Schmerzmittel oder Kopfschmerztabletten zählen ausdrücklich nicht dazu.

## Steuertipp 49

## Brille und Kontaktlinsen

Medizinisches Hilfsmittel, auf die man zwar angewiesen ist, die aber kaum mehr von den Krankenkassen übernommen werden, sind Brillen und Kontaktlinsen. Betroffene geben hierfür nicht selten einen dreistelligen Betrag innerhalb eines Jahres aus und können diese Kosten ebenfalls zu den außergewöhnlichen Belastungen zählen. Wichtig: Die Sehhilfe muss von einem Arzt verschrieben sein. Es reicht für die erstmalige Beantragung nicht aus, nur beim Optiker die Sehschärfe bestimmen zu lassen.

| | |
|---|---|
| **Formular:** | Anlage Außergewöhnliche Belastungen / Pauschbeträge |
| **Bereich:** | 5 – Andere Aufwendungen |
| **Zeile:** | 31 (für beide Steuertipps) |
| **Eintragung**: | Art der Belastung |
| **Betrag:** | Höhe der Belastung und daneben eventuelle Erstattungen |

## Steuertipp 50

## Arzt- und Behandlungskosten

Dieser Punkt betrifft eher Privatversicherte, kann aber auch für gesetzlich Versicherte relevant sein, denn genau wie bei Medikamenten müssen Versicherte teilweise gewisse Behandlungen selbst bezahlen.

Wichtig: Auch hier müssen eine medizinische Notwendigkeit und ärztliche Anordnung gegeben sein. Kosmetische oder vorsorgliche Untersuchungen und Behandlungen zählen nicht dazu.

## Steuertipp 51

## Beerdigung

Die Beerdigung eines geliebten Menschen kann heutzutage je nach Ausgestaltung mehrere Tausend Euro kosten. Um der verstorbenen Person einen würdigen Abschied zu ermöglichen und vielleicht sogar dem letzten Wunsch nachzukommen, nehmen die Hinterbliebenen diese hohen Kosten in Kauf. Steuerlich können Betroffene dies in der Steuererklärung als außergewöhnliche Belastung absetzen.

Wichtig: Nur das Erbe übersteigende Kosten können abgesetzt werden und auch nur Kosten für die Grabstätte, den Sarg oder die Urne, eine Todesanzeige, Blumen und Kränze. Die Trauerfeier selbst und die Trauerkleidung, zählen genau wie An- und Abreisekosten nicht dazu.

| | |
|---|---|
| **Formular:** | Anlage Außergewöhnliche Belastungen/Pauschbeträge |
| **Bereich:** | 5 – Andere Aufwendungen |
| **Zeile:** | 31 (Arzt/Behandlung) + 34 (Beerdigung) |
| **Eintragung:** | Art der Belastung |
| **Betrag:** | Höhe der Belastung und daneben eventuelle Erstattungen |

## Steuertipp 52

## Zahnersatz

Ein medizinischer Bereich, in dem Versicherte immer größere Eigenanteile zahlen müssen und dabei recht hohe Beträge zusammenkommen können, ist der Zahnersatz. So kostet eine Krone oder ein Inlay mindestens 1.000,- €, wovon die Krankenversicherung nur einen gewissen Prozentsatz übernimmt. Den Rest der Kosten muss die oder der Versicherte aus eigener Tasche bezahlen. Um diese finanzielle Belastung etwas zu senken, kann man solche Kosten ebenfalls in der Steuererklärung absetzen.

## Steuertipp 53

## Pflege (+ Pflegepauschbetrag)

Immer mehr Menschen in Deutschland müssen gepflegt werden und diese Pflege kostet in der Regel Geld. Absetzbar sind in diesem Bereich:
- Unterbringung im Pflegeheim
- ambulante Pflege im Pflegeheim
- häusliche Pflege durch eine Pflegekraft

Erstattete Kosten durch Versicherungen sind für die Berechnung der absetzbaren außergewöhnlichen Belastungen abzuziehen. Ersatzweise besteht die Möglichkeit stattdessen den Pflegepauschbetrag in Höhe von aktuell 924,- € pro Jahr zu nutzen, um keine Kosten einzeln nachweisen zu müssen. Außerdem wird der Pflegepauschbetrag nicht um den zumutbaren Eigenanteil gekürzt und vollständig angerechnet.

| | |
|---|---|
| **Formular:** | Anlage Außergewöhnliche Belastungen/Pauschbeträge |
| **Bereich:** | 5 – Andere Aufwendungen |
| **Zeile:** | 31 (Zahnersatz) + 32 (Pflege) |
| **Eintragung:** | Art der Belastung |
| **Betrag:** | Höhe der Belastung und daneben eventuelle Erstattungen |

# Versicherungen

Versicherungen schließt man entweder freiwillig oder verpflichtend ab, um im Ernstfall vor den finanziellen Folgen ungewollter Ereignisse geschützt zu sein oder – wie man häufig hört – vorzusorgen für den Ernstfall. Diesen Vorsorgegedanken möchte man seitens des Gesetzgebers honorieren, indem man Beiträge für viele Versicherungsarten zu einem gewissen Teil oder sogar vollständig als Vorsorgeaufwendungen in der Steuererklärung absetzen darf. Hierbei gilt allerdings für alle Versicherungsbeiträge zusammen eine Höchstgrenze von 1.900,- € pro Jahr für Personen, die Anspruch auf einen steuerfreien Zuschuss zur Krankenversicherung haben (bspw. durch einen Arbeitgeberanteil zur Krankenversicherung wie bei Angestellten) oder aber 2.800,- € für alle, die ihre Krankenversicherung vollständig selbstbezahlen.

Je nach Einkommen ist also schon durch die normalen Beiträge zur Kranken- und Pflegeversicherung dieser Höchstbetrag ausgeschöpft und weitere Beiträge zu gewissen privaten Versicherungsverträgen wirken sich nicht mehr steuerlich aus. In einem solchen Fall kann man sich die Mühe sparen, diese extra in der Steuererklärung einzutragen. Wer auf Nummer sicher gehen will, kann diese natürlich dennoch immer eintragen, schlimmstenfalls werden sie vom Finanzamt einfach nicht beachtet.

Außerdem ist nicht jede Art von Versicherung steuerlich absetzbar, anders als viele oft glauben. Ebenfalls zu berücksichtigen ist meist die Frage, ob eine Versicherung einen beruflichen Bezug hat, wodurch dann andere Regelungen gelten – im Steuertipp 42 und 43 habe ich jeweils nützliche Informationen rund um den beruflichen Anteil einer Unfall- und einer Rechtsschutzversicherung erläutert.

In der Steuererklärung führt besonders der Bereich Versicherungen und Vorsorgeaufwendungen bei Privatpersonen oft zu Fragezeichen beim Ausfüllen, dabei kann es recht einfach sein. Eines der wichtigsten Hilfsmittel ist gerade bei Angestellten, Beamten und Azubis hierfür die einmal im Jahr erstellte Lohnsteuerbescheinigung, welche man von der Firma oder dem Dienstherrn erhalten muss. Darin finden sich schon ein großer Teil der Werte, die man anschließend einfach nur in die Steuererklärung übertragen kann.

65

## Steuertipp 54

## Kranken- und Pflegeversicherung (gesetzlich und privat)

In Deutschland gilt seit Jahren die Pflicht, dass jede Person eine Kranken- und Pflegeversicherung besitzen muss bzw. versichert ist. Dies kann sowohl durch die gesetzliche Versicherungsform als auch bei Erfüllung gewisser Voraussetzung durch eine private Kranken- und Pflegeversicherung abgedeckt werden. Die dafür entrichteten Beiträge zählen dabei steuerlich als Vorsorgeaufwendungen und fallen in den Bereich der Sonderausgaben, die das zu versteuernde Einkommen senken.
Wichtig: Von der in der Kapiteleinleitung genannten Höchstgrenze gibt es für die Kranken- und Pflegeversicherung allerdings eine wichtige Ausnahme: Beiträge, die dabei für die Basisabsicherung und nicht für Wahlleistungen (Chefarzt, 1- und 2-Bett-Zimmer usw.) gezahlt wurden, können ohne Begrenzung abgesetzt werden.

Bei der privaten Krankenversicherung muss aus diesem Grund der Anbieter auch auf seiner Beitragsbescheinigung den Gesamtbeitrag für diese Teile aufschlüsseln. Die gesetzliche Krankenversicherung und generell die Pflegepflichtversicherung (egal ob privat oder gesetzlich) erfüllt diese Voraussetzung immer und alle Beiträge sind dadurch vollständig absetzbar. Einzig 4% werden vom Finanzamt immer pauschal davon gekürzt.

Bei der Steuererklärung sollte man also seine Beitragsbescheinigung oder die Lohnsteuerbescheinigung des Arbeitgebers oder Dienstherrn bereithalten, um seine Eintragungen entsprechend zu machen. Auch erstattete Beiträge müssen angegeben werden. Beiträge zu zusätzlichen Wahlleistungen oder Kranken- und Zahnzusatzversicherungen aber auch eigenständig abgeschlossenen Zusatz-Pflegeversicherungen sind nur bis zu den Höchstgrenzen absetzbar und wirken sich oft nicht steuerlich aus.

| | |
|---|---|
| **Formular:** | Anlage Vorsorgeaufwand |
| **Bereich:** | 2 – Gesetzliche Kranken- und Pflegeversicherung |
| | 3 – private Kranken- und Pflegeversicherung |
| **Zeile:** | 11 + 13 (gesetzlich), 23 + 24 (privat) |
| **Eintragung:** | vorgegeben |
| **Betrag:** | laut Lohnsteuerbescheinigung oder Beitragsbescheinigung |

## Steuertipp 55

## Private Kranken- und Pflegeversicherung im Voraus zahlen

Auf den vorherigen Seiten bin ich bereits auf die Höchstgrenze im Bereich der Vorsorgeaufwendungen eingegangen und habe erklärt, dass dadurch häufig die sonstigen Beiträge zu anderen Versicherungen keinen steuerlich positiven Effekt mehr haben bzw. sich nicht steuermindernd auswirken können.
Um dies zu umgehen, gibt es aber einen Steuertrick, der wie im Folgenden beschrieben tatsächlich erlaubt ist und genutzt werden kann.

Statt wie sonst üblich die Beiträge zur privaten Kranken- und Pflegeversicherung Monat für Monat zu zahlen, besteht rechtlich die Möglichkeit auf bis zu drei Kalenderjahre im Voraus den Beitrag auf einmal zu entrichten. Wie ich bereits gezeigt habe, sind die Beiträge für die Basisabsicherung und die Pflegeversicherung ohne Begrenzung absetzbar – zahlt man also seine Beiträge gesammelt im Voraus, dann kann man in diesem Jahr direkt die entsprechenden Beiträge absetzen.

Dies sorgt dafür, dass man in den Folgejahren (je nach dem, wie lange man im Voraus bezahlt hat) den Höchstbetrag mit seinen Beiträgen für Wahlleistungen, Haftpflicht- und Arbeitslosenversicherung, Berufsunfähigkeits- und Unfallversicherung wieder nutzen kann und diese nicht steuerlich ungenutzt verpuffen.

Dazu fragt man in der Praxis bei seinem Versicherer an, wie die Regelungen für eine Zahlung im Voraus sind, ob es dafür sogar noch eine Vergünstigung gibt, und ob bestimmte Voraussetzungen daran geknüpft sind. Anschließend überweist man den vereinbarten Betrag und kann dann in den Folgejahren ordentlich Steuern sparen. Bei einem persönlichen Steuersatz von z.B. 40% spart man in Bezug auf die vollen 2.800,- € immerhin 1.120,- € pro Jahr und bei einem Steuersatz von 45% sogar 1.260,- €. Aber auch bei einem geringeren Einkommen (Steuersatz) und weniger sonstigen Vorsorgeaufwendungen als die genannten 2.800,- € ist der Steuervorteil in der Regel dreistellig.

## Steuertipp 56

## Arbeitslosenversicherung

Beiträge zur gesetzlichen Arbeitslosenversicherung zählen grundsätzlich auch zu den absetzbaren Vorsorgeaufwendungen, wirken sich aber nur bis zur genannten Höchstgrenze aus. Wer aber nur ein geringes Jahreseinkommen hatte, weil vielleicht nicht das ganze Jahr durchgearbeitet wurde, der sollte die Beiträge dennoch unbedingt in der Steuererklärung eintragen.

| | |
|---|---|
| **Formular:** | Anlage Vorsorgeaufwand |
| **Bereich:** | 7 – Weitere sonstige Vorsorgeaufwendungen |
| **Zeile:** | 45 oder 46 |
| **Eintragung**: | vorgegeben |
| **Betrag:** | laut Lohnsteuer- oder Beitragsbescheinigung |

## Steuertipp 57

## Private Versicherung: Unfall-, Haftpflicht- und Todesfallversicherung

Schöpft man mit seinen gezahlten Beiträgen für die Kranken, Pflege- und Arbeitslosenversicherung die Höchstbeträge noch nicht aus, dann kann man darüber hinaus auch die gezahlten Beiträge für gewisse private Versicherungen als Vorsorgeaufwendungen absetzen. Dazu zählen:

- Unfallversicherung (Steuertipp 42 beachten)
- die private Haftpflichtversicherung, sowie die Kfz-Haftpflichtversicherung
- reine Todesfallabsicherung (bspw. Risikolebensversicherungen)

| | |
|---|---|
| **Formular:** | Anlage Vorsorgeaufwand |
| **Bereich:** | 7 – Weitere sonstige Vorsorgeaufwendungen |
| **Zeilen:** | 47-48 (je nach Versicherungsart) |
| **Eintragung**: | Art der Versicherung |
| **Betrag:** | Gezahlter Beitrag |

# Steuertipp 58

# Altersvorsorgeaufwendungen (inklusive Versorgungswerke)

In diesem Bereich hat sich mit der 2005 eingeführten nachgelagerten Besteuerung einiges geändert. Seitdem sind Beiträge vor dem Rentenbezug steuerlich besser absetzbar und mindern dort das zu versteuernde Einkommen. Auf der anderen Seite hat man dafür die Steuerpflicht für erhaltene Rentenleistungen eingeführt. Um den Übergang einfacher zu machen und finanzielle Härtefälle zu vermeiden, wurde für beide Neueinführungen eine Übergangsphase verordnet, während der sowohl die prozentuale Absetzbarkeit als auch der prozentuale Anteil, den man von den Rentenzahlungen versteuern muss, jährlich ansteigt. Dabei gilt für die steuerliche Absetzbarkeit eine von den sonstigen Vorsorgeaufwendungen unabhängige Höchstgrenze pro Jahr, die regelmäßig angepasst wird und aktuell für das Steuerjahr 2022 bspw. 24.100,- € für Ledige und 48.200,- € für Ehepaare beträgt.

In den folgenden beiden Tabellen habe ich jeweils die Werte zur Absetzbarkeit (Tabelle 1) und zum zu versteuernden Anteil der Rente (Tabelle 2) aufgeführt. Damit es übersichtlich bleibt, sind nicht alle Vorjahre aufgeführt. Grundsätzlich wurde die Absetzbarkeit im Jahr 2005 mit einem Prozentwert von 60 gestartet, welcher jährlich um 2% gestiegen ist. Ähnliches gilt für die Besteuerung. Hier ist man im Jahr 2005 mit 50% gestartet und der Wert wurde bis zum Jahr 2020 in 2%-Schritten angehoben. Aktuell steigt dieser jährlich nur noch um 1% bis 2040, wenn die Rentenzahlungen 100%ig steuerpflichtig sein werden.

**Tabelle 1 – Absetzbarer Beitragsanteil in %**

| Jahr | Absetzbarer Anteil | Jahr | Absetzbarer Anteil |
|------|--------------------|----------|--------------------|
| 2018 | 86% | 2022 | 94% |
| 2019 | 88% | 2023 | 96% |
| 2020 | 90% | 2024 | 98% |
| 2021 | 92% | Ab 2025 | 100% |

| | |
|---|---|
| **Formular:** | Anlage Vorsorgeaufwand |
| **Bereich:** | 1 – Beiträge zur Altersvorsorge |
| **Zeilen:** | 4-10 (je nach Beitragszweck) |
| **Eintragung**: | Vorgegebene Zeilenbeschriftung |
| **Betrag:** | Gezahlter Beitrag |

| Jahr des Renteneintritts | Besteuerungsanteil in % |
|---|---|
| 2007 | 54 |
| 2008 | 56 |
| 2009 | 58 |
| 2010 | 60 |
| 2011 | 62 |
| 2012 | 64 |
| 2013 | 66 |
| 2014 | 68 |
| 2015 | 70 |
| 2016 | 72 |
| 2017 | 74 |
| 2018 | 76 |
| 2019 | 78 |
| 2020 | 80 |
| 2021 | 81 |
| 2022 | 82 |
| 2023 | 83 |
| 2024 | 84 |
| 2025 | 85 |
| 2026 | 86 |
| 2027 | 87 |
| 2028 | 88 |
| 2029 | 89 |
| 2030 | 90 |
| 2031 | 91 |
| 2032 | 92 |
| 2033 | 93 |
| 2034 | 94 |
| 2035 | 95 |
| 2036 | 96 |
| 2037 | 97 |
| 2038 | 98 |
| 2039 | 99 |
| 2040 | 100 |

# Geldanlage und private Altersvorsorge

Dass man mit einem Sparbuch und früheren klassischen Methoden kaum eine Rendite und Zinsen mehr erwirtschaftet, ist mittlerweile fast jedem klar. Dennoch liegen mehr als eine Billion Euro immer noch auf Sparbüchern, Giro- und Tagesgeldkonten und in Versicherungen. Doch immer mehr Menschen beschäftigen sich mit einer aktiven und gewinnbringenden Geldanlage. Seien es Aktien, ETFs oder sogar Kryptowährungen – die Faszination Börse wird immer größer und genau wie die richtige Zusammenstellung des Vermögens sollten die steuerlichen Möglichkeiten eine wichtige Rolle spielen.

Zinsen, Dividenden und Gewinne aus dem Verkauf von Wertpapieren zählen in der Steuererklärung nämlich zu den Kapitalerträgen und können dort größtenteils in den gleichnamigen Anlagen eingetragen werden.

Kryptowährungen spielen eine gesonderte Rolle, für die ein anderes Formular verwendet wird und die steuerlich besonders interessant sein können.

Daneben gibt es einige staatliche Förderungen (Zuschüsse und Steuervorteile), um mehr aus seinem Geld zu machen, die ich ebenfalls in diesem Kapitel des Buches einfach erkläre.

Wer also in Zukunft seine Geldanlagen noch etwas optimieren und rentabler machen möchte, der sollte die folgenden Tipps kennen.

## Steuertipp 59

## Sparerpauschbetrag (+ Freistellungsauftrag)

Grundsätzlich fällt auf Kapitalerträge in Deutschland die sogenannte Abgeltungs-steuer in Höhe von 25% + Solidaritätszuschlag und eventueller Kirchensteuer an. Hat man sich also gerade über Gewinne aus dem Verkauf einer Aktie oder eines anderen Wertpapiers gefreut oder gibt es eine Ausschüttung eines ETFs, so wird direkt vom Anbieter die genannte Steuer ans Finanzamt abgeführt. Das schmälert natürlich die Rendite und betrifft fast jeden Bereich, wo Geld angelegt wird – also auch Bauspar-verträge, Banksparpläne, Sparbücher und Konten.

Der Staat möchte aber die normalen Sparer und Kleinanleger etwas entlasten und hat dafür steuerlich den sogenannten Sparerpauschbetrag geschaffen. Er beträgt aktuell 801,- € pro Jahr und Person. Wie im Steuertipp 83 erwähnt, haben auch Kinder schon einen Anspruch auf den Sparerpauschbetrag, was sich steuerlich lohnen kann.

Der jeweilige Anbieter, bei dem Kapitalerträge angefallen sind, weiß natürlich nicht, wie hoch insgesamt die Erträge der einzelnen Person innerhalb des Jahres sind, und kann den Sparerauschbetrag dadurch nicht automatisch berücksichtigen – die Steuer wird erst einmal direkt abgeführt.

Doch es gibt zwei Lösungen dafür, die man kennen sollte. Man kann sich entweder im Rahmen der Steuererklärung den Sparerpauschbetrag auf die insgesamt erzielten Zinsen und Ähnliches eines Jahres rückwirkend anrechnen lassen und bekommt zu viel abgeführte Abgeltungssteuer vom Finanzamt wieder. Oder aber man hinterlegt im Vorhinein bei seinem Anbieter einen Freistellungsauftrag, wodurch dieser dann auf Kapitalerträge bis zur hinterlegten Summe keine Abgeltungssteuer abführt. Diesen Freistellungsauftrag kann man auf einen oder mehrere Anbieter verteilen, wobei die Gesamtsumme 801,- € pro Person nicht übersteigen darf. Bei vielen Anbietern geht das schon elektronisch oder es gibt ein Formular dazu. So kann sich der Zinses-Zins-Effekt besser auswirken und man muss sich das Geld nicht erst im Nachgang zurück-holen.

## Steuertipp 60

# Günstigerprüfung bei Kapitalerträgen

In einigen Bereichen der Steuererklärung gibt es für ein und dieselbe Sache unterschiedliche Möglichkeiten, der Berechnung und Ansetzung von Kosten und steuermindernden Pauschalbeträgen. An diesen Stellen kommt dann die Günstigerprüfung zum Tragen in deren Rahmen das Finanzamt prüfen muss, welche Variante die günstigste für den jeweiligen Steuerzahler ist. Dies geschieht teilweise automatisch wie bei der Frage „Kindergeld oder Kinderfreibetrag" oder auch bei Riesterverträgen, wo geprüft wird, ob die Zulage oder die Absetzung der gezahlten Beiträge als Sonderausgaben insgesamt lohnender für den jeweiligen Sparer ist. Doch es gibt eben auch Bereiche, in denen man diese Günstigerprüfung manuell beantragen muss. So zum Beispiel bei den Kapitalerträgen in der Anlage KAP, wo man einen entsprechenden Haken setzen kann. Das Finanzamt prüft dann, ob es für den Betroffenen steuerlich besser ist, die Kapitalerträge wie ursprünglich mit 25% + Solidaritätszuschlag und Kirchensteuer zu versteuern oder aber mit dem persönlichen Steuersatz des Steuerzahlers. Je nach Einkommen kann der eigene Steuersatz nämlich günstiger sein als die genannten 25% + Abgaben (also 26,375% ohne Kirchensteuer).

Laut aktueller Grundtabelle fällt erst ab einem zu versteuernden Jahreseinkommen von circa 17.700,- € ein Grenzsteuersatz auf die letzten Euros von 26% an. Bei Verheirateten liegt dieser Wert zusammen sogar bei 30.200,- €. Gerade bei geringeren Einkünften lohnt sich dieses Feld in der Steuererklärung besonders und das Schöne ist, man muss gar nicht vorher wissen, ob es sich beim eigenen Einkommen lohnen würde und irgendwelche Tabellen dazu lesen – es wird (wie erwähnt) vom Finanzamt berechnet und immer die günstigere Variante vom Sachbearbeiter angesetzt.
Also einfach immer den Haken setzen und Steuerbescheid abwarten – wer den Haken nicht setzt, verschenkt diese Option.

| Formular: | Anlage KAP |
|---|---|
| Bereich: | 1 – Anträge |
| Zeilen: | 4-5 |
| Eintragung: | Haken setzen |
| Betrag: | Wird automatisch berücksichtigt (wenn Haken gesetzt) |

## Steuertipp 61

## Nichtveranlagungsbescheinigung

Ein weiterer wirkungsvoller Steuertipp bei geringen Einkünften und anfallenden Kapitalerträgen ist die sogenannte Nichtveranlagungsbescheinigung (kurz NV-Bescheinigung).

Liegen nämlich die gesamten zu versteuernden Einkünfte eines Jahres (voraussichtlich) unter dem im Steuertipp 8 erklärten Grundfreibetrag von aktuell 9.984,- € pro Person, so kann man dies dem Finanzamt im Voraus mitteilen und muss später keine Steuererklärung abgeben. Man erhält dann die erwähnte NV-Bescheinigung, welche bspw. überall dort, wo sonst automatisch Steuern abgezogen werden, vorgelegt werden kann. Besonders für Menschen mit geringen steuerpflichtigen Einkünften, die aber dennoch Kapitalerträge über dem Sparerpauschbetrag von 801,- € erzielen, lohnt sich dies, damit keine Steuern abgezogen werden und auch hier der Zinses-Zins-Effekt besser wirken kann.

Der Anbieter führt dann ähnlich wie beim Freistellungsauftrag keine Abgeltungssteuer auf die entstandenen Kapitalerträge ab, nur in diesem Fall eben bis zum deutlich höheren Grundfreibetrag. Die besagte NV-Bescheinigung kann bei Erfüllung der Voraussetzungen bis zu drei Jahre gültig sein.
Eine großartige Möglichkeit die besonders Studenten, Azubis und auch teilweise Rentner, welche Geld anlegen, für sich prüfen und ggf. in Anspruch nehmen sollten.

Wichtig: Sollte man allerdings später feststellen, dass man doch mit all seinen steuerpflichtigen Einkünften über dem Grundfreibetrag lag, ist man verpflichtet dies dem Finanzamt mitzuteilen. Eine NV-Bescheinigung, die sonst bis zu drei Jahre gültig sein kann, wird dann wieder eingezogen und man verliert dieses Privileg.

## Steuertipp 62

# ETF-Ausschüttungen und Aktien-Dividenden nutzen

Wer die vorherigen Steuertipps in diesem Kapitel und in der Einleitung gelesen hat, kennt Begriffe, wie Kapitalerträge, Abgeltungssteuer und Freistellungsauftrag. Das ist für diesen Steuertipp hier ebenfalls wichtig.

Man kann nämlich durch aktive Steuerungen und Zusammensetzung des eigenen Vermögens (Portfolio) ebenfalls Steuern sparen. Dazu macht man sich wiederum den Sparerpausch- und idealerweise auch den Freistellungsauftrag zunutze.

Grundsätzlich wird nur auf wirklich ausgezahlte Beträge und Gewinne aus Wertpapieren die Abgeltungssteuer fällig und das ab einem Betrag von 801,- € pro Person (wie bereits erwähnt). Viele Anleger besparen aber einfach monatlich ihr Depot und lassen die Titel sonst liegen. Steuerlich kann es sich aber lohnen, aktiv dafür zu sorgen, dass man innerhalb eines Jahres Dividenden und Ausschüttungen in Höhe dieses Betrages ausgezahlt bekommt, da diese steuerfrei bleiben.

Dies kann man bspw. erreichen, indem man seinem Portfolio einen gewissen Anteil an ausschüttenden ETF bewusst beimischt, statt nur thesaurierende (wiederanlegende) ETF zu besparen und zu halten. Verkauft man sonst später einen größeren Teil oder löst im Alter sogar das Depot ganz auf, so müssen alle angesammelten Gewinne zu 70% (Aktien-ETF) oder 85% (Mischfonds unter 25% Aktienanteil) oder sogar komplett (wie bei Aktien) mit der Abgeltungssteuer versteuert werden – es droht eine hohe Nachzahlung. Ausschüttende ETF, Dividenden-Aktien oder ein bewusster Teilverkauf von Wertpapieren am Ende des Jahres kann dies frühzeitig mildern, indem man idealerweise seinen Sparerpauschbetrag jedes Jahr aufs Neue maximal ausnutzt. Immerhin beträgt die Steuerlast durch die Abgeltungssteuer mindestens 26,375%, und wenn man jedes Jahr Kapitalerträge in Höhe von 801,- € oder bei Verheirateten sogar auf 1602,- € spart, sind das rund 210,- € bzw. 420,- € an Steuerersparnis jedes Jahr. Man sollte also nicht einfach nur investieren und passiv liegen lassen, sondern zum Jahresende aktiv werden und Steuern sparen – auch so kann man seine Netto-Rendite bei der Geldanlage nachhaltig steigern.

75

## Steuertipp 63

## Kryptowährungen

Bitcoin, Ethereum und Co. – heutzutage werden weltweit Hunderte von Kryptowährungen gehandelt und täglich dabei umgerechnet Milliarden an Euro transferiert. Die Schwankungen der Kurse sorgen dabei für lachende oder weinende Gesichter. Überall dort, wo Gewinne erzielt werden, ist auch das Finanzamt nicht weit.

Lange Zeit war den Behörden nicht klar, wie man die neuen Kryptowährungen steuerlich behandeln und zuordnen möchte. Mittlerweile hat sich dies geändert und Kryptowährungen zählen zu den sonstigen Wirtschaftsgütern. Die Gewinne und Verluste, die aus dem Handel entstehen, werden den „Sonstigen Einkünften" angerechnet. Demnach werden die Gewinne nicht wie bei Kapitalerträgen mit der Abgeltungssteuer belegt, sondern müssen mit dem persönlichen Steuersatz versteuert werden. Erlittene Verluste kann man nur mit anderen positiven „Sonstigen Einkünften" und nicht mit Einkünften aus nichtselbstständiger Arbeit, Gewerbebetrieb, Vermietung/Verpachtung und Ähnlichem verrechnen. Allerdings gilt auch für Kryptowährungen eine Freigrenze von 600,- € pro Jahr, die man steuerfrei erzielen darf. Überschreitet man diesen Betrag, so werden die gesamten Gewinne aus diesem Bereich im Jahr steuerpflichtig. Umgehen kann man das, indem man seinen Kryptowährungsanteil nach dem Erwerb mindestens ein Jahr lang hält und nicht wieder verkauft. Sämtliche Gewinne hieraus bleiben dann steuerfrei. Dabei gilt „First-in-first-out": Steuerlich gesehen müssen immer die zuerst gekauften Anteile auch wieder verkauft werden. Man muss also wirklich jeden Kauf und Verkauf genau aufzeichnen unter Angabe der Kryptowährung, der zugrunde liegenden Kurse und Beträge, damit man bei Rückfragen des Finanzamts Auskunft geben kann. Schlimmstenfalls dürfen solche Werte vom Finanzamt geschätzt werden mit daraus resultierenden Steuernachzahlungen.

Wichtig: Die Regelungen zur steuerlichen Behandlung von Kryptowährungen stehen aktuell auf dem Prüfstand und könnten sich ggf. nach Veröffentlichung des Buches geändert haben (bei Bedarf bitte den Aktualisierungsservice nutzen).

| | |
|---|---|
| **Formular:** | Anlage SO |
| **Bereich:** | 9 – Private Veräußerungsgeschäfte (Andere Wirtschaftsgüter) |
| **Zeilen:** | 42-48 |
| **Eintragung:** | Art, Zeitpunkte An- und Verkauf, Preis und Kosten |
| **Betrag:** | Wird automatisch errechnet |

# Steuertipp 64

# Riester

Die Kritik an der staatlich geförderten Riester-Rente und dessen Sparformen wird nicht leiser und immer wieder spricht man sogar von einem „Scheitern der Riester-Rente". Auch der neue Koalitionsvertrag lässt erahnen, dass es zeitnah wohl zumindest eine Reform dieses Systems geben wird.

Noch gibt es sie allerdings und mit ihr rund 16 Millionen solcher Riester-Verträge. An dieser Stelle soll es nun auch nicht um Sinn und Unsinn der Riester-Rente gehen, sondern um die steuerlichen Auswirkungen.

Aktuell ist es nämlich so, dass man neben den Zulagen, welche in den Vertrag fließen, die gezahlten Eigenbeiträge außerdem steuerlich absetzen kann und das bis zu einem Betrag von jährlich 2.100,- € pro Person. Hieraus kann sich dementsprechend ein ansehnlicher Steuervorteil während der Sparphase ergeben, welchen man auch nutzen sollte, da man in der Rentenphase später die Leistungen auch zu 100% wieder mit dem dann gültigen persönlichen Steuersatz versteuern muss. Wer vorne also den Steuervorteil nicht nutzt, dafür aber hinten raus alles versteuern muss, verschenkt Geld. Da der Staat aber nicht jeden eingezahlten Euro doppelt fördern möchte, werden eventuell erhaltene Zulagen vom Steuervorteil rechnerisch abgezogen. Trägt man in der Steuererklärung bspw. 1.000,- € als gezahlten Beitrag ein und hätte daraus einen errechneten Steuervorteil von 375,- € (je nach Steuersatz), aber gleichzeitig im Vertrag auch 175,- € Grundzulage als Sparer erhalten, dann würde der Steuervorteil vom Finanzamt nur noch die restlichen 200,- € betragen. Hätte die gleiche Musterperson zusätzlich auch noch eine Kinderzulage in Höhe von 300,- € für ein 2008 oder später geborenes Kind erhalten, würde sich kein Steuervorteil mehr ergeben.

| | |
|---|---|
| **Formular:** | Anlage AV |
| **Bereiche:** | 1-5 |
| **Zeilen:** | 4-42 |
| **Eintragung:** | Zulagenberechtigung, Beitragspflichtige Einnahmen etc. |
| **Betrag:** | Gezahlter Riester-Beitrag kommt in die gesonderte Anlage „Zusatzangaben für die Steuerberechnung" |

# Steuertipp 65

## Rürup-/Basis-Rente

Um neben der Riester-Rente auch ein staatlich gefördertes Rentenprodukt zur Altersvorsorge von Selbstständigen und sehr gut Verdienenden einzurichten, wurde die Basis-Rente oder umgangssprachlich ausgedrückt Rürup-Rente eingeführt.

Anders als bei der vorher beschriebenen Riester-Rente hat die Basis-Rente keine eigene steuerliche Sonderstellung bekommen, sondern wird steuerlich genauso wie Beiträge zur gesetzlichen Rentenversicherung behandelt. Daraus folgt auch, dass die Absetzbarkeit der jetzt eingezahlten Beiträge in der Sparphase und die spätere Besteuerung in der Rentenphase einer Übergangsregelung unterliegen und jährlich ansteigen (siehe Tabelle 1 – Absetzbarer Anteil der Beiträge).

Aktuell sind im Steuerjahr 2022 demnach 94% der gezahlten Beiträge in die hier behandelte Rürup-Rente als Vorsorgeaufwendungen absetzbar. Allerdings gibt es auch hier einen Höchstbetrag, welcher aktuell 25.638,60 € beträgt. Nimmt man davon die 94% als absetzbaren Teil, ergibt dies maximal einen steuermindernden Betrag von 24.100,- €, der wiederum das zu versteuernde Einkommen senkt und man je nach persönlichem Steuersatz einen ordentlichen Steuervorteil erhält.

Wichtig: Die späteren Rentenauszahlungen müssen im Gegenzug versteuert werden.

**Tabelle 1 - Absetzbarer Anteil in %**

| Jahr | Absetzbarer Anteil | Jahr | Absetzbarer Anteil |
|------|--------------------|------|--------------------|
| 2018 | 86% | 2022 | 94% |
| 2019 | 88% | 2023 | 96% |
| 2020 | 90% | 2024 | 98% |
| 2021 | 92% | Ab 2025... | 100% |

| | |
|---|---|
| **Formular:** | Anlage Vorsorgeaufwand |
| **Bereich:** | 1 – Beiträge zur Altersvorsorge |
| **Zeilen:** | 8 |
| **Eintragung**: | Vorgegeben |
| **Betrag:** | Gezahlter Beitrag |

## Steuertipp 66

# Betriebliche Altersversorgung (Entgeltumwandlung)

Ein Bereich der privaten Altersvorsorge, den man vergeblich in der Steuererklärung sucht und wo sich viele Steuerzahler darüber wundern, ist die betriebliche Altersversorgung. Die dafür gezahlten Beiträge werden nämlich bereits in der Lohnabrechnung gefördert, indem auf die gezahlten Beiträge keine Steuern und Sozialabgaben zu zahlen sind. Sie werden also tatsächlich nirgendwo in der Steuererklärung während der Sparphase eingetragen. Niemand braucht sich demzufolge wundern, wenn er oder sie kein(e) Feld(er) dazu findet.

Erst wenn es in die Rentenausauszahlungsphase geht, sind später die erhaltenen Renten in der Steuererklärung anzugeben und darauf sowohl Steuern als auch Kranken- und Pflegeversicherungsbeiträge zu zahlen. Die Eintragungen erfolgen dann in der Anlage R-AV / bAV, wie in der Hinweisbox beschrieben. Vor dem Steuerjahr fand man die entsprechenden Zeilen in der Anlage R, dies wurde mittlerweile geändert.

| | |
|---|---|
| **Formular:** | R-AV / bAV |
| **Bereich:** | 1 – Leistungen |
| **Zeilen:** | 4-26 |
| **Eintragung**: | Diverse Angaben in Abhängigkeit der Rentenzahlungsart |
| **Betrag:** | Erhaltene Rentenzahlung |

## Steuertipp 67

## Altersentlastungsbetrag

Der Altersentlastungsbetrag wurde für alle Menschen geschaffen, die das 64. Lebensjahr vollendet haben und neben oder vor ihrer Rente noch weitere positive Einkünfte erzielen. Ist also eine Person älter als 64 Jahre und geht noch aktiv Arbeiten oder hat Einkünfte aus einer Vermietung oder eben auch Kapitalerträge, so kann sie auf die Summe dieser Einkünfte eine steuerliche Entlastung erhalten. Der Altersentlastungsbetrag begünstigt alle Alterseinkünfte mit Ausnahme von Renten und Pensionen.

Die Höhe des jeweiligen Entlastungsbetrags ist nicht einheitlich, sondern richtet sich immer individuell danach, welches Kalenderjahr auf die Vollendung des 64. Lebensjahres der Person gefolgt ist (siehe Tabelle 1 – Altersentlastungsbetrag). Aus der mittleren Spalte ist der prozentuale Wert ablesbar, d.h. wieviel Prozent dieser übrigen Einkünfte steuerfrei bleibt, und in der Spalte rechts daneben bis zu welchem Höchstbetrag im Jahr. Dieser einmal ermittelte Prozentwert gilt dann ein Leben lang. Leider wird dieser nicht automatisch von Depotanbietern und Banken berücksichtigt, wenn dort Kapitalerträge anfallen und man kann ihn nur im Rahmen der Steuererklärung rückwirkend für ein Steuerjahr beanspruchen. Umso wichtiger ist in einem solchen Fall die eigene Steuererklärung anzufertigen und einzureichen, damit man eventuell zu viel abgeführte Abgeltungssteuer vom Finanzamt erstattet bekommt – ein extra Feld gibt es dafür allerdings nicht, dies geschieht dann automatisch.

**Tabelle 1 – Altersentlastungsbetrag**

| Kalenderjahr nach Vollendung des 64. Lebensjahres | % der Einkünfte | Höchstbetrag in Euro |
|---|---|---|
| 2005 | 40 | 1900,- |
| 2006 | 38,4 | 1824,- |
| 2007 | 36,8 | 1748,- |
| 2008 | 35,2 | 1672,- |
| 2009 | 33,6 | 1596,- |
| 2010 | 32 | 1520,- |
| 2011 | 30,4 | 1444,- |
| 2012 | 28,8 | 1368,- |

| | | |
|---|---|---|
| **2013** | 27,2 | 1292 |
| **2014** | 25,6 | 1216 |
| **2015** | 24 | 1140 |
| **2016** | 22,4 | 1064 |
| **2017** | 20,8 | 988 |
| **2018** | 19,2 | 912 |
| **2019** | 17,6 | 836 |
| **2020** | 16 | 760 |
| **2021** | 15,2 | 722 |
| **2022** | 14,4 | 684 |
| **2023** | 13,6 | 646 |
| **2024** | 12,8 | 608 |
| **2025** | 12 | 570 |
| **2026** | 11,2 | 532 |
| **2027** | 10,4 | 494 |
| **2028** | 9,6 | 456 |
| **2029** | 8,8 | 418 |
| **2030** | 8 | 380 |
| **2031** | 7,2 | 342 |
| **2032** | 6,4 | 304 |
| **2033** | 5,6 | 266 |
| **2034** | 4,8 | 228 |
| **2035** | 4 | 190 |
| **2036** | 3,2 | 152 |
| **2037** | 2,4 | 114 |
| **2038** | 1,6 | 76 |
| **2039** | 0,8 | 38 |
| **2040** | 0,0 | 0 |

# Steuertipp 68

# Arbeitnehmer-Sparzulage

Die Arbeitnehmer-Sparzulage ist eine von vielen staatlichen Förderungen, die man nutzen kann, um seine finanzielle Situation zu verbessern. Im Rahmen der vermögenswirksamen Leistungen ist sie zwar kein direkter Steuervorteil und wirkt sich auch nicht auf das zu versteuernde Einkommen aus, ist aber dennoch Bestandteil der Steuererklärung. Dort gibt es nämlich das entsprechende Feld, um diese Förderung für seinen Sparvertrag zu erhalten.

Erfüllt man dann die Voraussetzungen mit einem berechtigten Vertrag, wie z.B. einem Bausparvertrag oder einem ETF-, Fonds- oder Aktiensparplan, dann fördert der Staat die eingezahlten Beiträge bis zu einer Höchstgrenze wie folgt:

- **Bausparen** 9% von maximal 470,- € für Alleinstehende oder 940,- € für Ehepaare pro Jahr, ergibt bis zu 43,- € bzw. 86, - €
- **Wertpapier-Sparplan** 20% von maximal 400,- € für Alleinstehende oder 800, -€ für Ehepaare pro Jahr, ergibt bis zu 80, - € bzw. 160, - €

und das staatlich garantiert. Dennoch sollte man natürlich auch die Vor- und Nachteile des jeweiligen Anlageprodukts beachten.

Wer die maximale Förderung für sich nutzen möchte, kann sogar parallel mit einem Bausparvertrag und Wertpapiersparplan besparen, um beide Förderungen zu erhalten. Generell muss aber ein solcher berechtigter Vertrag immer mindestens sieben Jahre laufen und davon sechs Jahre bespart werden, damit die Förderung nicht verloren geht.

Außerdem gelten beim Bausparen 17.900,- € für Ledige und 35.800,- € zu versteuerndes Jahreseinkommen für Ehepaare als Einkommensgrenze für die Förderung. Beim Wertpapier-Sparen liegen die Grenzen bei 20.000,- € bzw. 40.000,- €. Hierbei handelt es sich allerdings um das zu versteuernde Einkommen, bei dem Kinderfreibeträge, Werbungskosten, Sonderausgaben und Co. bereits abgezogen sind. So kann sich eine deutlich höhere Grenze für das eigentliche Brutto-Einkommen des Sparers ergeben.

| | |
|---|---|
| **Formular:** | Hauptvordruck – Sonstige Angaben und Anträge |
| **Bereich:** | 6 – Antrag auf Festsetzung der Arbeitnehmer-Sparzulage |
| **Zeilen:** | 42 |
| **Eintragung**: | Vorgegeben bzw. Haken setzen |
| **Betrag:** | Wird automatisch berücksichtigt |

# Studium, Ausbildung und Fortbildung

Ein Studium, eine schulische oder betriebliche Ausbildung oder auch eine Fortbildung bringen neben dem Lernaufwand häufig Kosten mit sich. Solche Kosten können steuerlich berücksichtigt werden und dabei helfen Steuern zu sparen. Neben den tatsächlich entstandenen Kosten gibt es außerdem hilfreiche Pauschalbeträge, die man nutzen kann. Die allerwichtigste Frage aus steuerlicher Sicht ist hierbei aber immer:
**Sind die Kosten und Aufwendungen im Rahmen einer sogenannten Erstausbildung entstanden und hat man damit Geld verdient?**
Handelt es sich also um eine Erstausbildung ohne direkte Einkünfte, so sind die entstanden Kosten und Pauschalbeträge als Sonderausgaben bis 6.000,- € pro Jahr in der Steuererklärung absetzbar. Aus Sicht der Finanzbehörden wird übrigens immer der Begriff „Ausbildung" in diesem Zusammenhang verwendet und nicht nach schulischer / betrieblicher Ausbildung oder Studium unterschieden.

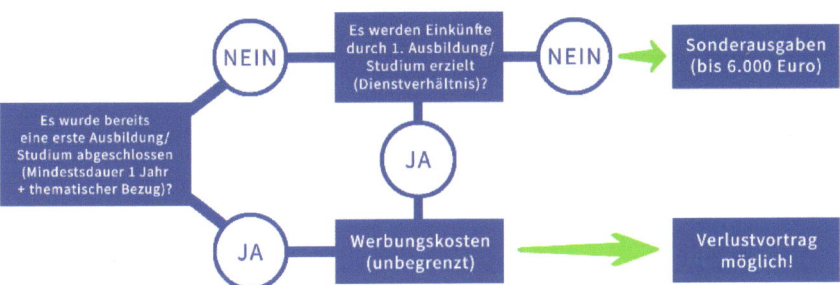

Kosten, die hingegen bei der Durchführung einer Erstausbildung mit direkten Einkünften oder im Rahmen einer Folgeausbildung/eines Folgestudiums entstanden sind, zählen hingegen als Werbungskosten. Sie wirken sich zwar erst nach Überschreiten des Werbungskostenpauschbetrags in Höhe von 1.000,- € pro Jahr steuerlich aus, sind aber nicht in Ihrer Höhe begrenzt und können sogar als Verlust für spätere Jahre angesammelt werden (siehe Steuertipp 77).
Wichtig: Die folgenden Steuertipps habe ich jeweils nach **Erstausbildung** (ohne direkte Einkünfte) und **Folgeausbildung** (nach abgeschlossener mindestens einjähriger Ausbildung/Studium mit thematischem Zusammenhang oder mit direkten Einkünften) eingeteilt und verwende dort aus Vereinfachungsgründen nur die Kurzform.

## Steuertipp 69

## Ausbildungs-, Studien-, Semester- und Prüfungsgebühren (Erstausbildung)

Je nach Ausbildungs- und Studienform können Gebühren und Beiträge dafür anfallen. Hat man Semester- und Studiengebühren oder Geld für eine rein schulische Ausbildung bezahlt, dann darf man diese Kosten in der Steuererklärung steuerlich nutzen und als Sonderausgaben absetzen (Achtung: Unbedingt die Kapiteleinleitung beachten, hinsichtlich der Unterscheidung zwischen einer Erst- und Folgeausbildung).

| | |
|---|---|
| **Formular:** | Anlage Sonderausgaben |
| **Bereich:** | 3 – Berufsausbildungskosten |
| **Zeile:** | 13 |
| **Eintragung:** | Gebührenart (z.B. Semester-, Prüfungsgebühren) |
| **Betrag:** | Entstandene Kosten |

## Steuertipp 70

## Ausbildungs-, Studien-, Semester- und Prüfungsgebühren (Folgeausbildung)

Sind die genannten Gebühren durch eine sogenannte Folgeausbildung oder einer Erstausbildung mit Einkommenserzielung (bspw. duales Studium oder betriebliche Ausbildung) entstanden, sind sie unbegrenzt als Werbungskosten absetzbar.

| | |
|---|---|
| **Formular:** | Anlage N |
| **Bereich:** | 13 – Fortbildungskosten |
| **Zeilen:** | 45 |
| **Eintragung:** | Gebührenart (Semester-, Prüfungsgebühren etc.) |
| **Betrag:** | Entstandene Kosten |

# Steuertipp71

# Fahrtkosten (Erste Tätigkeitsstätte)

Das wichtigste Unterscheidungskriterium bei den Fahrtkosten im Rahmen eines Studiums, einer Aus- oder einer Fortbildung ist hierbei das Ziel der Fahrt. Für jede Fahr zur ersten Tätigkeitsstätte kann man die Entfernungspauschale mit 30 Cent pro km (seit Steuerjahr 2021 ab dem 21. km mit 35 Cent pro km) für die einfache Entfernung (Hinweg) nutzen. Dies ist bei einem Vollzeitstudium häufig die Universität/Hochschule – wohingegen bei einem dualen Studium oder einer betrieblichen Ausbildung die erste Tätigkeitsstätte vertraglich vereinbart wird und dies dann entweder der Betrieb oder die Universität, Berufs-/Hochschule ist.

Praxisbeispiel:
Eine Vollzeitstudentin ist innerhalb eines Jahres an 125 Tagen zur Universität (erste Tätigkeitsstätte) gefahren. Die kürzeste Entfernung zwischen ihrem Wohnort und der Uni sind 25 Kilometer. In diesem Fall könnte sie mithilfe der Entfernungspauschale für die Kilometer 1-20 für 125 durchgeführte Fahrten rechnerisch 750,- € (125 Fahrten x 20 km x 0,30 € = 750,- €) absetzen. Dazu kommen dann für die Kilometer 21-25 Kosten von 187,50 € (125 Fahrten x 5 km x 0,35 € = 187,50 €). Insgesamt würden also für ihre Wege zur Universität 937,50 € ansetzbar sein.

> **ERSTAUSBILDUNG**
> **Formular:** Anlage Sonderausgaben
> **Bereich:** 3 – Berufsausbildungskosten
> **Zeile:** 13
> **Eintragung:** Adresse + Entfernung x Anzahl Fahrten x 30/35 Cent pro Km
> **Betrag:** Tatsächliche Kosten oder errechneter Betrag
>
> **FOLGEAUSBILDUNG**
> **Formular:** Anlage N
> **Bereich:** 13 – Fortbildungskosten
> **Zeilen:** 45
> **Eintragung:** Adresse + Entfernung x Anzahl Fahrten x 30/35 Cent pro Km
> **Betrag:** Tatsächliche Kosten oder errechneter Betrag

## Steuertipp 72

## Fahrtkosten (Weitere Tätigkeitsstätte)

Fahrten zu den restlichen Orten können sogar mit der Kilometerpauschale als Reisekosten für den Hin- und Rückweg mit 30 Cent pro km abgesetzt werden. Seien es also Wege zu Lerngruppen, zur Bibliothek (wenn sich diese nicht direkt in der Uni befindet), zur Berufsschule oder Universität/Hochschule (im dualen System, wenn der Betrieb als erste Tätigkeitsstätte definiert wurde) oder auch Wege im Rahmen eines Praktikums – hier zählt der Hin- und Rückweg und das bei jeder Fahrt. Am besten man schreibt sich frühzeitig alle Fahrten auf und spart so richtig Steuern.

Praxisbeispiel:
Eine Auszubildende ist innerhalb eines Jahres an 100 Tagen in die Berufsschule (weitere Tätigkeitsstätte) gefahren. Die kürzeste Entfernung zwischen ihrem Wohnort und der Berufsschule sind 25 Kilometer. In diesem Fall könnte sie mithilfe der Kilometerpauschale für jeden gefahrenen Kilometer 30 Cent absetzen. Bei 100 Fahrten ergeben sich rechnerisch daraus 1.500,- € (100 Fahrten x (25 km x 2) x 0,30 Cent = 1.500,- €).

**ERSTAUSBILDUNG**

| | |
|---|---|
| **Formular:** | Anlage Sonderausgaben |
| **Bereich:** | 3 – Berufsausbildungskosten |
| **Zeile:** | 13 |
| **Eintragung**: | Adresse + Gesamtstrecke x Anzahl Fahrten x 30 Cent pro Km |
| **Betrag:** | Tatsächliche Kosten oder errechneter Betrag |

**FOLGEAUSBILDUNG**

| | |
|---|---|
| **Formular:** | Anlage N |
| **Bereich:** | 13 – Fortbildungskosten |
| **Zeilen:** | 45 |
| **Eintragung**: | Adresse + Gesamtstrecke x Anzahl Fahrten x 30 Cent pro Km |
| **Betrag:** | Tatsächliche Kosten oder errechneter Betrag |

## Steuertipp 73

## Verpflegungsmehraufwand (Inland)

In Anlehnung an den vorherigen Steuertipp und den dort beschriebenen weiteren Tätigkeitsstätten gibt es neben der Absetzbarkeit der Fahrtkosten noch eine andere sehr lohnende steuerliche Pauschale, die man nutzen kann – und zwar der Verpflegungsmehraufwand (siehe auch Steuertipps 27).

Dabei gibt es Pauschalsätze, die man anrechnen kann und welche sich nach der jeweiligen Abwesenheitsdauer von zu Hause richten. Bei einer Abwesenheit von mehr als 8 Stunden aufgrund einer Auswärtstätigkeit an einer weiteren Tätigkeitsstätte sind 14,- € pro Tag. Das kann zum Beispiel der Fall sein an einem langen Berufsschultag oder einem Lerntag in der Bibliothek oder in einer privaten Lerngruppe mit Kommilitonen. Dauert die Abwesenheit von zu Hause sogar mehr als 24 Stunden dann sind dafür nach den Pauschalsätzen 28,- € pro Tag ansetzbar. Umfasst die Abwesenheit sogar mehrere Tage (mit Übernachtung), dann werden für den An- und Abreisetag jeweils 14,- € und für die Tage dazwischen jeweils 28,- € berücksichtigt.

Praxisbeispiel:

Ein Auszubildender ist innerhalb eines Jahres an 100 Tagen zur Berufsschule (weitere Tätigkeitsstätte) gefahren und war an diesen Tagen immer mehr als 8 Stunden von zu Hause abwesend. Dann darf er für 100 Tage jeweils 14,- € für den Mehraufwand der Verpflegung pauschal absetzen, was in seinem Fall schon 1.400,- € ausmacht.

**ERSTAUSBILDUNG**

| | |
|---|---|
| **Formular:** | Anlage Sonderausgaben |
| **Bereich:** | 3 – Berufsausbildungskosten |
| **Zeile:** | 13 |
| **Eintragung**: | Anzahl Tage nach Abwesenheitsdauer |
| **Betrag:** | Ergebnis (Tage x ansetzbare Pauschalen) |

**FOLGEAUSBILDUNG**

| | |
|---|---|
| **Formular:** | Anlage N |
| **Bereich:** | 13 – Fortbildungskosten |
| **Zeilen:** | 45 |
| **Eintragung**: | Anzahl Tage nach Abwesenheitsdauer |
| **Betrag:** | Ergebnis (Tage x ansetzbare Pauschalen) |

## Steuertipp 74

## Verpflegungsmehraufwand (Ausland)

Neben den für Studenten, Azubis und Personen in einer Fortbildung verfügbaren Pauschalsätzen im Inland gibt es solche Pauschalsätze auch für Tätigkeiten im Ausland. Besonders Studenten verbringen im Rahmen ihres Studiums gern eine Zeit im Ausland, um Erfahrungen zu sammeln. Solange ein direkter Bezug zum Studium/einer beruflichen Fortbildung besteht, können solche Auslandsaufenthalte berücksichtigt werden (siehe Steuertipp 28). Für ein und dieselbe Auswärtstätigkeit im Rahmen des Studiums, Ausbildung oder Lehrgangs ist der pauschale Ansatz des Verpflegungsmehraufwands allerdings auf drei Monate begrenzt. Eine Unterbrechung von bspw. einer Woche lässt diesen Zeitraum wieder neu beginnen. Für das Ausland gelten außerdem andere Verpflegungspauschalen als im Inland.

Praxisbeispiel:
Ein Student entscheidet sich für ein achtwöchiges Pflichtpraktikum in Österreich. Er ist insgesamt 56 Tage „auswärts" tätig, wobei der erste und der letzte Tag als An- und Abreisetag gewertet werden. Für Österreich gilt 2022 eine Verpflegungspauschale für diesen ersten und letzten Tag in Höhe von 27,- € und für jeden ganzen Tag dazwischen von 40,- €. Für unseren Beispielstudenten wären 2.214,- € absetzbar (2 Tage x 27,- € + 54 Tage x 40,- € = 2.214,- €).

**ERSTAUSBILDUNG**

| | |
|---|---|
| **Formular:** | Anlage Sonderausgaben |
| **Bereich:** | 3 – Berufsausbildungskosten |
| **Zeile:** | 13 |
| **Eintragung:** | Anzahl Tage nach Abwesenheitsdauer + Land |
| **Betrag:** | Ergebnis (Tage x ansetzbare Pauschalen der Region) |

**FOLGEAUSBILDUNG**

| | |
|---|---|
| **Formular:** | Anlage N |
| **Bereich:** | 13 – Fortbildungskosten |
| **Zeilen:** | 45 |
| **Eintragung:** | Anzahl Tage nach Abwesenheitsdauer + Land |
| **Betrag:** | Ergebnis (Tage x ansetzbare Pauschalen) |

## Steuertipp 75

## Arbeitsmittel und Co.

Für ein Studium, eine Ausbildung oder einen Lehrgang benötigt man häufig gewisse Gegenstände und Arbeitsmittel. Die Aufwendungen für solche Arbeitsmittel können in der Steuererklärung geltend gemacht werden, wenn sie einen klaren Bezug zum Bildungszweck haben. Hierzu gängige Beispiele aus der Praxis:

- Druckkosten und Porto
- Büro- und Schreibmaterial
- Fachliteratur
- Büromöbel (wie Schreibtisch, Lampe und Stuhl)
- Anteilige Mobilfunk- und Internetkosten (siehe auch Steuertipp 33)

Neben diesen Beispielen ist sicherlich ein Laptop oder PC das häufigste Arbeitsmittel im Studium oder einer Ausbildung. In der Praxis akzeptieren die Finanzämter dabei eine 50%ige studentische/fortbildende Nutzung, wodurch die Anschaffungskosten für einen Laptop/PC, einen Monitor, Maus und Tastatur, Drucker und Scanner deshalb meist zu 50% absetzbar sind. Alternativ kannst du auch in diesem Bereich ein Nutzungstagebuch über drei Monate führen und eigenständig einen prozentualen Anteil deiner Tätigkeiten berechnen. Je nach Studiengang sind auch höhere Pauschalsätze (bspw. 80%) möglich, wie bei EDV- und informatikbezogenen Aus- und Fortbildungen.

**ERSTAUSBILDUNG**
| | |
|---|---|
| **Formular:** | Anlage Sonderausgaben |
| **Bereich:** | 3 – Berufsausbildungskosten |
| **Zeile:** | 13 |
| **Eintragung**: | Art des Arbeitsmittels (ggfs. anteiliger Nutzungswert) |
| **Betrag:** | Selbstgetragene Kosten (ggfs. prozentual kürzen) |

**FOLGEAUSBILDUNG**
| | |
|---|---|
| **Formular:** | Anlage N |
| **Bereich:** | 13 – Berufsausbildungskosten |
| **Zeile:** | 13 |
| **Eintragung**: | Art des Arbeitsmittels (ggfs. anteiliger Nutzungswert) |
| **Betrag:** | Selbstgetragene Kosten (ggfs. prozentual kürzen) |

# Steuertipp 76

## Studienreisen/Auslandspraktika/Auslandssemester

Bei einer längerfristigen Auswärtstätigkeit sollte man neben den Pauschalen für den Verpflegungsmehraufwand weitere Kosten steuerlich berücksichtigen lassen. In Summe ergibt sich dann je nach Dauer und Ort des Aufenthalts eine ansehnliche Summe an absetzbaren Kosten. Dies beginnt schon bei der Hinfahrt- oder -reise, welche man mit der Kilometerpauschale (30 Cent je km) oder mit den tatsächlich entstandenen Kosten ansetzen kann (bei Flügen sind immer nur die tatsächlich angefallenen Kosten berücksichtigungsfähig). Auch der Rückweg wird genauso behandelt und erhöht die absetzbaren Kosten. Vor Ort gelten dann die jeweiligen Verpflegungs- und Übernachtungspauschalen und auch eine doppelte Haushaltsführung kann vorliegen, wenn die Person ihren Wohnsitz in Deutschland behält und regelmäßig dorthin zurückkehrt. Wenn das vom Finanzamt anerkannt wird, können auch die regelmäßigen Heimfahrten abgesetzt werden (dann allerding nur für eine Strecke und das mit der Entfernungspauschale).

Schließt man für den Einsatz im Ausland eine spezielle Auslandsreisekrankenversicherung ab, so werden auch diese Kosten häufig akzeptiert. Im Ausland angeschafften Arbeitsmittel kann man absetzen. Auch die Zinsen von weiterlaufenden Studienkrediten und eventuelle Studien-/Semestergebühren bleiben absetzbar. Die Auswahl und Möglichkeiten sind also wirklich groß.

**ERSTAUSBILDUNG**

| | |
|---|---|
| **Formular:** | Anlage Sonderausgaben |
| **Bereich:** | 3 – Berufsausbildungskosten |
| **Zeile:** | 13 |
| **Eintragung:** | jeweilige absetzbare Kostenart |
| **Betrag:** | Tatsächliche Kosten und Pauschalen |

**FOLGEAUSBILDUNG**

| | |
|---|---|
| **Formular:** | Anlage N |
| **Bereich:** | 13 – Berufsausbildungskosten |
| **Zeile:** | 13 |
| **Eintragung:** | jeweilige absetzbare Kostenart |
| **Betrag:** | Tatsächliche Kosten und Pauschalen |

## Steuertipp 77

## Verlustvortrag (Folgeausbildung)

Ergänzend zu den vorherigen Steuertipps und den daraus folgenden steuerlichen Möglichkeiten, erkläre ich in diesem Tipp den sogenannten Verlustvortrag. Wie bereits in der Grafik zur Kapiteleinleitung erklärt, kann durch Kosten im Rahmen einer Folgeausbildung ein rechnerischer Verlust entstehen, welchen man tatsächlich in die Folgejahre übernehmen kann. Dies ist der Fall, wenn die absetzbaren Werbungskosten die steuerpflichtigen Einnahmen im entsprechenden Jahr übersteigen.

In der Praxis haben viele Studenten und Auszubildene nur geringe steuerpflichtige Einkünfte und können dadurch die entstandenen Kosten ansonsten in diesem Jahr nicht vollständig nutzen, weil sie kaum oder gar keine Lohnsteuer gezahlt haben. Durch den Verlustvortrag kann man dies verhindern und tatsächlich (ähnlich wie eine Firma) einen rechnerischen Verlust ins neue Steuerjahr übernehmen. Diese Verluste können sich außerdem über den Zeitraum der Folgeausbildung addieren, wodurch man immer mehr Verlust ansammelt. Startet man dann ins Berufsleben bzw. erzielt später normale Einkünfte, dann darf man mit diesen höheren Einkünften den vorherigen Verlust verrechnen.

Sammelt man also z.B. in den zwei Jahren eines Vollzeit-Master-Studienganges ohne steuerpflichtige Einkünfte (Folgeausbildung) Werbungskosten in Höhe von 8.000,- € an und startet dann im Berufsleben mit einem zu versteuernden Jahreseinkommen von 50.000,- €, werden durch den Verlustvortrag der letzten beiden Jahre nur 42.000,- € zur Steuerberechnung herangezogen. Eine ledige Person ohne Kinder würde dadurch rund 2.940,- € Steuern sparen und das mit längst vergangenen Kosten. Es kann sich somit sehr lohnen, auch schon während seiner Ausbildung oder seinem Studium Belege zu sammeln und sich die Fahrten und Tage aufzuschreiben, auch wenn man zu diesem Zeitpunkt noch gar keine Steuern zahlt – alles dank dem Verlustvortrag.

Wichtig: Man muss hierzu für jedes Jahr eine einzelne Steuererklärung einreichen und dann im Folgejahr immer den Haken bei Verlustvortrag auf dem Hauptvordruck setzen. Den anzusetzenden und im letzten Steuerbescheid vom Finanzamt errechneten Betrag trägt man dann in der Anlage Sonstiges und dort in der Zeile 8 ein.

# Kind(er) und die Steuer

Mit der Geburt eines Kindes erhält dieses automatisch eine eigene Steueridentifikationsnummer und wird damit ordnungsgemäßes Mitglied unseres Steuersystems – das mag sehr früh und unromantisch erscheinen, aber tatsächlich sind Kinder im Moment ihrer Geburt sogar selbst schon steuerpflichtig.

Um die finanziellen Aufwendungen, die durch ein oder mehrere Kinder entstehen, steuerlich zu berücksichtigen, gibt es verschiedene Möglichkeiten im Steuerrecht. Einige davon werden automatisch angerechnet. Andere muss man im Rahmen der Steuererklärung geltend machen, um die Vorteile nutzen zu können.

In den folgenden Steuertipps stelle ich ein paar der wichtigsten und effektivsten Regelungen vor und zeige, wie man durch ein Kind neben dem großen Glück und der Liebe auch noch einen Steuervorteil bekommen kann.

## Steuertipp 78

## Kinderfreibetrag oder Kindergeld

Jeder hat bestimmt schon vom Kinderfreibetrag und Kindergeld gehört. Beides sind Formen, mit denen der Staat die Eltern finanziell unterstützen möchte. Was viele aber nicht wissen, ist, dass man nur eine der beiden Förderungen in Anspruch nehmen kann. Das Kindergeld wird hierbei klassisch jeden Monat ausgezahlt, wohingegen der Kindefreibetrag bspw. bei der Berechnung der Lohnsteuer vom Arbeitgeber oder Dienstherrn und auch vom Finanzamt bei der Steuererklärung angerechnet wird.

Dabei besteht der umgangssprachlich nur als Kinderfreibetrag bezeichnete Wert übrigens aus zwei Teilen: einmal dem Kinderfreibetrag selbst und zusätzlich dem Freibetrag für den Betreuungs-, Erziehungs- und Ausbildungsbedarf. Beide Werte werden regelmäßig neu festgelegt und betragen für das Jahr 2022 zusammen 8.388,- € pro Kind. Grundsätzlich steht jedem Elternteil ein halber Kinderfreibetrag zu, wodurch das zu versteuernde Einkommen jeweils gesenkt wird, und die Personen (je nach Einkommen) weniger Steuern zahlen müssen. Kommt eines der Elternteile allerdings seinen Unterhaltsverpflichtungen zu mind. 75% nicht nach oder ist vielleicht schon verstorben, darf der andere Elternteil den vollen Kinderfreibetrag für sich beanspruchen.

Wichtig: Das Finanzamt prüft immer automatisch, ob der Steuervorteil durch den zusammengefassten Kinderfreibetrag oder das erhaltene Kindergeld höher ist und lässt nur eine der beiden Förderung zu. Hat man also als verheiratetes Paar mit einem Kind 2.628,- € Kindergeld bekommen und beträgt der errechnete Steuervorteil durch den Freibetrag bspw. 2.828,- € so würde tatsächlich nur die Differenz (also 200,- €) als Steuervorteil berücksichtigt werden. So kommt es auch, dass sicher der Kinderfreibetrag erst ab einem hohen Einkommen wirklich spürbar steuerlich auswirkt.

| | |
|---|---|
| **Formular:** | Anlage Kind |
| **Bereich:** | 1 – Angaben zum Kind |
| **Zeilen:** | 4-9 |
| **Eintragung**: | Diverse |
| **Betrag:** | Identifikationsnummer, Geburtsdatum, Kindergeldanspruch etc. |

## Steuertipp 79

## Entlastungsbetrag für Alleinerziehende

Eine Person, welche allein eines oder mehrere Kinder erzieht, kann die anfallenden Kosten meist nicht mit einer anderen Person teilen und hat dadurch auch einen größeren finanziellen Druck.

Im Steuerrecht bekommt diese Personengruppe deshalb weitere steuerliche Vorteile ermöglicht. Neben den Kosten, die also jedes Elternteil absetzen kann und dem im vorherigen Steuertipp besprochenen Kinderfreibetrag, gibt es einen weiteren Freibetrag, den sich Alleinerziehende anrechnen lassen können. Wie so oft in unserem Steuersystem gibt es dafür zwar gewisse Voraussetzungen, aber da, wo es passt, kann er die betroffene Person spürbar finanziell entlasten. Als Voraussetzungen gelten dafür:

- Es besteht Anspruch auf Kindergeld oder den Kinderfreibetrag für das Kind
- Das Kind wohnt bei der alleinerziehenden Person
- Es lebt keine weitere volljährige Person mit im Haushalt (auch keine volljährigen Kinder, Partner(in), Mitbewohner(in) usw.)

Sind alle drei genannten Faktoren erfüllt, so steht der Beantragung des Entlastungsbetrags für Alleinerziehende nichts im Weg und dieser kann entweder direkt über die Lohnsteuerklasse 2 jeden Monat im Voraus angerechnet werden oder aber man beantragt ihn in seiner Steuererklärung – generell mindert auch er das zu versteuernde Einkommen, eine Gegenrechnung mit anderen Beträgen erfolgt nicht. Aufgrund der in der Covid-19-Pandemie noch größer gewordenen Belastung für Alleinerziehende hat man den Freibetrag zunächst vorübergehend für die Steuerjahre 2020 und 2021 von vorher 1.908,- € auf 4.008,- € pro Jahr angehoben. Mittlerweile wurde die Erhöhung allerdings dauerhaft beschlossen, wodurch auch im Steuerjahr 2022 und danach weiterhin der erhöhte Wert gilt. Für jedes weitere berechtigte und im Haushalt lebende Kind erhöht sich der Betrag zusätzlich um 240,- €.

| | |
|---|---|
| **Formular:** | Anlage Kind |
| **Bereich:** | 8 – Entlastungsbetrag für Alleinerziehende |
| **Zeilen:** | 49-52 |
| **Eintragung**: | Meldezeitraum des Kindes und Zahlung Kindergeld + Angaben zu den Haushaltsverhältnissen |
| **Betrag:** | Entlastungsbetrag wird automatisch berücksichtigt |

## Steuertipp 80

# Kinderbetreuungskosten

Je nach Alter und Lebenssituation können für die Betreuung eines Kindes Kosten anfallen. Die geldlichen Aufwendungen zählen in der Steuererklärung zwar zu den Sonderausgaben, werden allerdings in der Anlage Kind mit den entsprechenden Eintragungen geltend gemacht (siehe Hinweisbox unten).
Dazu zählen u.a. folgende Aufwendungen:
- Beiträge zum Kindergarten/zur Kinderkrippe
- Beiträge zum Hort
- Ausgaben für eine Tagesmutter, Babysitter oder Kinderpfleger

Absetzbar sind hierbei allerdings immer nur die Anteile für die wirkliche Betreuung. Eventuelle Verpflegungsanteile oder Gelder für Ausflüge zählen nicht dazu. Auch Kosten für Nachhilfe, Freizeit und Sport sind nicht in der Steuererklärung berücksichtigungsfähig.
Außerdem muss es eine Rechnung zu den entstandenen Kosten geben, welche per Überweisung bezahlt wurde, es muss sich um das leibliche Kind handeln, welches bei einem auch gemeldet ist und das Kind darf das 14. Lebensjahr noch nicht vollendet haben. Kann sich das Kind aufgrund einer anerkannten Behinderung nicht selbst versorgen und ist die Behinderung vor dem 25. Lebensjahr eingetreten, dann gilt die Altersgrenze nicht.
Als Kinderbetreuungskosten sind übrigens bis zu 6.000,- € pro Kind und Jahr ansetzbar, wovon zwei Drittel (also bis zu 4.000,- €) als Sonderausgaben akzeptiert werden und wiederum das zu versteuernde Einkommen senken.

| | |
|---|---|
| **Formular:** | Anlage Kind |
| **Bereich:** | 13 – Kinderbetreuungskosten |
| **Zeilen:** | 76-82 |
| **Eintragung**: | Ort der Kinderbetreuung und der Zeitraum |
| **Betrag:** | Selbstgetragene Kinderbetreuungskosten |

## Steuertipp 81

## Schulgeld

Neben öffentlichen Lehreinrichtungen und Schulen erfreuen sich Alternativen, wie Waldorf, Montessori, kirchliche oder auch Privatschulen und Internate immer mehr Zulauf. Fast immer ist dafür von den Eltern des Kindes auch ein Schuldgeld zu bezahlen, was durchaus im vier- und bei Internaten auch im fünfstelligen Bereich pro Jahr liegen kann.

Steuerlich sind diese Kosten ebenfalls als Sonderausgaben absetzbar – die entsprechenden Felder findet man in der „Anlage Kind".

Wie auch bei den Kinderbetreuungskosten gibt es hier allerdings Einschränkungen, was wirklich steuerlich absetzbar ist und in welchem Umfang. Es gilt:

- Für das Kind muss ein Anspruch auf Kindergeld oder Kinderfreibetrag bestehen
- Absetzbar sind nur Kosten für den Unterricht und die Betreuung, nicht aber für Verpflegung und Unterkunft (gerade bei Internaten mit Übernachtungen ist dies ein nicht unerheblicher Teil der Kosten, der nicht absetzbar ist)
- Der Besuch der Schule führt zu einem allgemein- oder berufsbildenden Abschluss

Sind die Voraussetzungen erfüllt und berücksichtigt, sind 30% der entstandenen Kosten als Sonderausgaben absetzbar, bis zu einem Maximalbetrag von rechnerisch 5.000,- € pro Jahr und Kind.

Ist der Besuch einer speziellen Schulform oder -einrichtung aus therapeutischen Gründen ärztlich empfohlen, kommt auch eine Absetzung als außergewöhnliche Belastung infrage, wodurch dann zwar der zumutbare Eigenanteil abgezogen, aber der übrig bleibende Betrag nicht gekürzt oder beschränkt wird.

| | |
|---|---|
| **Formular:** | Anlage Kind |
| **Bereich:** | 10 – Schulgeld |
| **Zeilen:** | 65-67 |
| **Eintragung:** | Bezeichnung der Schule |
| **Betrag:** | Selbstgetragenes Schulgeld |

## Steuertipp 82

## Ausbildungsfreibetrag (Sonderbedarfsfreibetrag)

Für Eltern von bereits volljährigen Kindern gibt es einen weiteren Freibetrag, den man nutzen kann, um Steuern zu sparen.
Dabei hilft der sogenannte Freibetrag zur Abgeltung des Sonderbedarfs oder einfacher ausgedrückt in Kurzform Ausbildungsfreibetrag.
Voraussetzungen sind hierfür:

- Kind ist volljährig
- Kind befindet sich Berufsausbildung
- Kind ist auswärtig untergebracht (wohnt nicht mehr zu Hause)

Eigene Einkünfte und Bezüge des Kindes (wie Zuschüsse, Ausbildungsgehalt und Ausbildungshilfen) werden nicht angerechnet auf die Höhe des Ausbildungsfreibetrages, welcher aktuell 924,- € pauschal beträgt und mit dessen Hilfe keine Einzelkosten nachgewiesen werden müssen.

Sind die oben genannten Voraussetzungen nicht gänzlich erfüllt, weil das Kind steuerlich nicht mehr anerkannt wird, können die von den Eltern getragenen Aufwendungen für die Ausbildung eines Kindes alternativ als Unterhaltszahlung geltend gemacht werden.

| | |
|---|---|
| **Formular:** | Anlage Kind |
| **Bereich:** | 9 – Freibetrag zur Abgeltung eines Sonderbedarfs bei Berufsausbildung eines volljährigen Kindes |
| **Zeilen:** | 62-64 |
| **Eintragung:** | Zeitraum und Ort der auswärtigen Unterkunft |
| **Betrag:** | Freibetrag wird automatisch berücksichtigt |

## Steuertipp 83

## Kapital übertragen (Grundfreibetrag/Sparerpauschbetrag)

Zugegeben dieser Steuertipp ist auf den ersten Blick sehr speziell und sollte meist von einem Steuerberater bei größerem Umfang begleitet werden. Dort wo er aber zur Lebens- und Vermögenssituation der Beteiligten passt, kann er sich richtig lohnen.
Der in Steuertipp 8 genannte Grundfreibetrag und auch der Sparerpauschbetrag aus Steuertipp 59 stehen rechtlich gesehen auch dem eigenen Kind oder den Kindern zur Verfügung.
Ab einem gewissen Vermögen kann es also sinnvoll sein, wenn man einen Teil seines Vermögens auf sein Kind überträgt. Zum einen kann man dadurch den erwähnten Sparerpauschbetrag in Höhe von 801,- € für Zinsen und Kapitalerträge des Kindes nutzen und darüber hinaus gilt auch für das Kind und seine Einkünfte der Grundfreibetrag in Höhe von aktuell 9.984,- € im Jahr 2022. Sämtliche Einkünfte bis zu diesem Betrag bleiben von der Steuer befreit. Es fällt also keine Einkommensteuer und auch die sonst bei Kapitalerträgen übliche Abgeltungssteuer in Höhe von 25% an.

Auch das Finanzamt kennt natürlich diese Möglichkeit und stellt gewisse Voraussetzungen dafür auf (aber das kennen wir ja schon von vielen anderen Steuertipps):

- Das Konto oder Depot muss wirklich auf den Namen des Kindes laufen
- Die Übertragung muss unwiderruflich sein
- Eltern dürfen nicht über das Geld auf dem Konto/Depot des Kindes verfügen (lediglich eine Umschichtung auf ein anders Konto des Kindes ist als gesetzlicher Vertreter möglich)
- Nur Übertragungen bis 400.000,- € sind innerhalb von zehn Jahren steuerfrei
- Die Schenkung muss rechtswirksam sein, wofür teilweise auch ein Ergänzungspfleger notwendig sein kann

Eltern müssen sich also der Unumkehrbarkeit der Übertragung bewusst sein.
Wichtig: Bei volljährigen Kindern können laufende Einkünfte des Kindes oberhalb gewisser Grenzen zu Nachteilen bei Kindergeld, BAföG, Riester-Kinderzulage oder Wohngeld führen.

# Steuertipp 84

## Vorweggenommene Erbfolge (Schenkung)

Erben und Schenken werden rechtlich und steuerlich in Deutschland fast gänzlich gleichbehandelt. Allein im Jahr 2020 wurden in Deutschland nach aktuellen Zahlen rund 84,4 Milliarden Euro an Vermögen übertragen und hierauf 8,5 Milliarden Euro Steuern an den Staat gezahlt.

Je nach Höhe der Vermögensübertragung fallen nämlich Steuern an, die sich nach dem Verwandtschaftsgrad und der Beziehung der Beteiligten richten (siehe Tabellen auf der Folgeseite).

So sind bspw. Erbschaften oder Schenkungen an den verheirateten Ehepartner zunächst nur bis zu einem Betrag von 500.000,- € oder an ein (Stief-)Kind nur bis zu 400.000,- € steuerfrei. An einen unverheirateten Lebenspartner sind es hingegen nur noch 20.000,- €, die steuerfrei bleiben können. Je entfernter der Verwandtschaftsgrad dabei wird, umso geringer wird der Freibetrag und umso höher die daraus resultierende Steuerklasse. Es gibt zwar ergänzend noch Sonderregelungen bei den verfügbaren Freibeträgen zu Betriebsvermögen, selbstgenutzten Immobilien und auch einen Versorgungsfreibetrag je nach Verwandtschaftsverhältnis und Alter des Erben, was aber an dieser Stelle zu weit führen würde. Je nach Höhe der Erbschaft/Schenkung und der ermittelten Steuerklasse, ergibt sich dann ein spezieller Steuersatz auf diesen Betrag (siehe Tabelle 2 auf der Folgeseite). Die Unterschiede sind dabei relativ groß und der Steuersatz kann zwischen 7-50% betragen. Er ist also unabhängig vom persönlichen Steuersatz der Beteiligten und deren Einkommen und auch nur auf die genannten Vermögensübertragungen anzuwenden.

In diesem Steuertipps geht es also um die Möglichkeiten bereits zu Lebzeiten (gerade bei größeren Vermögen) den Erben einen Teil des Vermögens zu schenken. Man bezeichnet dies auch als vorweggenommene Erbfolge und diese erlaubt, dass man den in den Tabellen aufgeführten Freibetrag eben auch schon zu Lebzeiten in einem Zeitraum von zehn Jahren steuerfrei verschenken darf. Stirbt der Erblasser innerhalb dieser Zeit wird diese Schenkung zwar anteilig rückgerechnet, aber einen Teileffekt hat man selbst dann erzielt. Überlebt der Erblasser die zehn Jahre, kann man wiederum den Freibetrag erneut nutzen und steuerfrei übertragen.

## Tabelle 1 – Steuerklasse und persönlicher Freibetrag

| Steuer-klasse | Personenkreis | Freibetrag |
|---|---|---|
| I | Ehegatte und Lebenspartner | 500.000,- € |
| | Kinder, Stiefkinder, Kinder verstorbener Kinder und Stiefkinder | 400.000,- € |
| | Enkelkinder | 200.000,- € |
| | Eltern und Großeltern bei Erbschaften | 100.000,- € |
| II | Eltern und Großeltern bei Schenkungen | 20.000,- € |
| | Geschwister | |
| | Neffen und Nichten | |
| | Stiefeltern, Schwiegereltern | |
| | Geschiedene Ehegatten und Lebenspartner einer aufgehobenen Lebenspartnerschaft | |
| III | alle übrigen Beschenkten und Erwerber (z. B. Tanten, Onkel, nicht verwandte Personen); Zweckzuwendungen | 20.000,- € |

## Tabelle 2 – Steuersatz (in Prozent) nach Steuerklasse

| Betrag bis | Steuerklasse I | Steuerklasse II | Steuerklasse III |
|---|---|---|---|
| 75.000,- € | 7% | 15% | 30% |
| 300.000,- € | 11% | 20% | 30% |
| 600.000,- € | 15% | 25% | 30% |
| 6.000.000,- € | 19% | 30% | 30% |
| 13.000.000,- € | 23% | 35% | 50% |
| 26.000.000,- € | 23% | 40% | 50% |
| Darüber hinaus | 30% | 43% | 50% |

# Selbstständige, Freiberufler und Gewerbebetriebe

Die steuerlichen Möglichkeiten für Firmen, Freiberufler und Selbständige sind vielfältig. Aus diesem Grund geben die meisten Betroffenen ihre Steuerangelegenheiten an einen Steuerberater ab. Wie in jeder Berufsgruppe gibt es dabei natürlich mehr oder weniger kompetente Berater und es ist immer sinnvoll, als Steuerzahler zumindest ein eigenes Grundverständnis für Steuerfragen und die dazugehörigen Funktionsweisen zu haben.
In den folgenden Steuertipps möchte ich deshalb einige der in der Praxis häufiger vorkommenden Fälle und Möglichkeiten aufzeigen und erklären.

Was ist die Kleinunternehmerregelung?
Wie nutzt man Geschenke zum Steuern sparen?
Wie wirkt sich die Wahl der Unternehmensform oder Gewinnermittlung aus?
Wie verhält es sich mit Firmenfahrzeugen und dem sogenannten Fahrtenbuch?
Was sind Sachzuwendungen und die Pauschalsteuer?

Viele Fragen, auf die es Antworten in den Steuertipps in diesem Kapitel gibt.

Natürlich kann dies nie eine steuerliche Beratung im Einzelfall ersetzen – jede Firma und jeder Selbstständige und Freiberufler hat eine andere Ausgangs- und Finanzsituation.

Dennoch bin ich immer wieder erstaunt, wie häufig gewisse Dinge nicht genutzt oder immer noch falsch verstanden werden. Mit diesem Abschnitt des Buches möchte ich zumindest einen kleinen Teil zur Aufklärung beitragen.

## Steuertipp 85

## Kleinunternehmerregelung

Grundsätzlich unterliegen (bis auf ein paar Ausnahmen) getätigte Umsätze mit Waren und Dienstleitungen der Umsatzsteuer in Deutschland. Hierbei gibt es sowohl den ermäßigten Steuersatz von 7% wie z.b. auf viele Lebensmittel und Dinge zur Grundversorgung und den normalen Steuersatz mit 19%.

Firmen, Selbstständige und Freiberufler müssen also zusätzlich zum eigentlichen Preis der Ware oder der Dienstleistung die Umsatzsteuer in ihren Rechnungen ausweisen und auf den Preis aufschlagen. Dies erhöht somit den Endpreis und bringt auch Pflichten, wie die regelmäßige Umsatzsteuervoranmeldung gegenüber dem Finanzamt mit sich, was Aufwand und ggfls. zusätzliche Buchhaltungskosten mit sich bringt. Für Firmen und Gewerbetreibende mit geringen Umsätzen gibt es allerdings eine steuerliche Entlastung durch die Kleinunternehmerregelung. Diese darf angewendet werden, wenn der Jahresumsatz im Gründungs- oder Vorjahr kleiner als 22.000,- € netto war und im laufenden Jahr voraussichtlich nicht über 50.000,- € netto liegen wird. Wer die Kleinunternehmerregelung für sich nutzen möchte, ist zum einen fünf Jahre an diese Entscheidung gebunden und muss in seinen Rechnungen auch darauf hinweisen, dass er sie in Anspruch nimmt.

Neben den erwähnten Vorteilen können dadurch aber auch Nachteile entstehen, denn hierdurch wird auch die Möglichkeit ausgeschlossen eigene, selbst an andere gezahlte Umsatzsteuer abzusetzen bzw. gegenzurechnen. Gerade bei Geschäften und Tätigkeiten mit hohen Anfangsinvestitionen im Verhältnis zu den Einnahmen, verschenkt man damit die Möglichkeit, selbst gezahlte Umsatz-/Mehrwertsteuer für angeschaffte Waren, Geschäftsausstattung, Mieten, Gebühren usw. nicht mehr als Vorsteuer erstattet zu bekommen vom Finanzamt.
Es kommt also auf den Einzelfall an, ob sich die Kleinunternehmerregel lohnt und sollte im Vorfeld kalkuliert werden.

Wichtig: Die Kleinunternehmerregelung wird umgangssprachlich oft als Kleingewerbe oder Kleinunternehmen bezeichnet, wodurch der Eindruck vermittelt wird, dass es sich um eine Unternehmensform handelt (wie GmbH, GbR etc.). Es handelt sich dabei aber lediglich um eine vereinfachende Regel des Umsatzsteuerrechts.

## Steuertipp 86

## Art der Gewinnermittlung

Um festzustellen, wie viel Steuer eine Firma, gewerbetreibende Person oder auch Freiberufler zu zahlen hat, muss hierzu anhand der Geschäftszahlen ein Gewinn ermittelt werden. Dafür gibt es generell hierzulande zwei unterschiedliche Verfahren, die jeweils Vor- und Nachteile mit sich bringen können:

1.) Doppelte Buchführung (u.a. mit Bilanz)
2.) Einnahmen-Überschussrechnung (EÜR)

Grundsätzlich ist für die Gewinnermittlung die Bilanz im Rahmen der doppelten Buchführung vorgeschrieben, welche viele Vorschriften mit sich bringt. So muss jeder Vorgang nach einem gewissen Kontenrahmen und spezifischen Regeln gebucht werden, was für die meisten Menschen ohne Vorkenntnisse kaum möglich ist. Die laufende Buchhaltung und Erstellung der Bilanz und des Jahresabschlusses sind insgesamt aufwendig und kostenintensiv.

Demgegenüber steht die eher einfach und verständlich gehaltene Einnahmen-Überschussrechnung, bei der man seine angefallenen Ausgaben von den erzielten Einnahmen abzieht und sich dadurch für das Steuerjahr ein errechneter Gewinn (Überschuss) oder ein Verlust ergibt. Für diese Angaben gibt es in der Steuererklärung die Anlage EÜR. Dieses Verfahren bringt weniger Vorschriften und Aufwand mit sich, kann durchaus von Nicht-Profis durchgeführt werden und verursacht zumeist geringere Buchhaltungskosten. Insbesondere deshalb bevorzugen viele kleine Betriebe oder Selbstständige die EÜR. Wer darf seinen Gewinn mithilfe der EÜR ermitteln?

- Gewerbetreibende mit maximal 600.000,- € Umsatz und 60.000,- € Gewinn pro Jahr, wird der Wert überschritten, muss ab dem nächsten Jahr zur Bilanz gewechselt werden
- Freiberufler, wie Ärzte, Künstler, Journalisten, Anwälte, Hebammen usw.

Wichtig: Kapitalgesellschaften (z.B. GmbH, UG, AG) sowie OHGs und KGs müssen zwingend die doppelte Buchführung anwenden und eine Bilanz erstellen.

## Steuertipp 87

## Ort des Gewerbes

Auf Gewinne aus einer gewerblichen Tätigkeit fällt in Deutschland die sogenannte Gewerbesteuer an. Bei der Berechnung der zu zahlenden Steuer wird zunächst ein bundeseinheitlicher Freibetrag von 24.500,- € in Abzug gebracht. Gewinne bis zu diesem Betrag bleiben von der Gewerbesteuer befreit.

An dieser Stelle möchte ich nicht ausführlich auf die genaue Berechnungsmethode und den Rechenweg für die Gewerbesteuer in Deutschland eingehen, sondern nur auf einen entscheidenden Teil, nämlich den sogenannten Hebesatz. Er wirkt sich wie eine Art Faktor oder Multiplikator aus und beeinflusst damit direkt die zu zahlende Gewerbesteuer des Betroffenen. Und genau dieser Hebesatz ist nicht überall gleich hoch in Deutschland, sondern unterscheidet sich von Region zu Region.

Die Unterschiede können dabei relativ hoch sein und das sogar bei Regionen die nah beieinanderliegen. Ein besonderes Beispiel hierfür ist die Stadt Leverkusen in Nordrhein-Westfalen, welche bewusst einen deutlich geringeren Satz, als die unmittelbar angrenzenden Nachbarregionen erhebt. Mit einem Hebesatz von gerade mal 250 zahlt man dort im Verhältnis beim gleichen Gewinn fast 50 Prozent weniger Gewerbesteuer als im benachbarten Köln mit einem Hebesatz von 475. Im nahegelegenen Kreis Erftstadt beträgt er sogar 565. Dadurch siedeln sich bewusst Firmen und Gewerbetreibende aus Nachbarregionen in Leverkusen an.
Es kann also steuerlich gesehen sehr sinnvoll sein, sich frühzeitig zu überlegen bzw. zu recherchieren, wo denn ein günstiger Hebesatz in der eigenen Region zu finden ist und dort seine Firma oder sein Gewerbe zu betreiben. Unter https://www.destatis.de/DE/Themen/Staat/Steuern/Hebesaetze.html stellt das statistische Bundesamt eine interaktive Karte mit allen Hebesätzen und Regionen kostenlos zur Verfügung.

Wichtig: Für reine Einzelunternehmen und Personengesellschaften wirkt sich der Gewerbesteuer-Hebesatz zwar auch aus, die gezahlte Gewerbsteuer wird aber direkt auf die eigene Einkommensteuer angerechnet und vermindert diese fast im selben Verhältnis. Unterm Strich ist dort der Vorteil dementsprechend nicht so spürbar, wie für GmbHs, Aktiengesellschaften und andere juristischen Personen.

## Steuertipp 88

## Firmenfahrzeug: Fahrtenbuch vs. 1%-Regel

Früher oder später steht jede Firma und jede selbstständige Person wohl vor der Frage, wie man am besten das eigene Firmenfahrzeug oder sogar die eigenen Firmenfahrzeuge steuerlich am besten einstuft und bewertet. Hierbei hält das Steuerrecht unterschiedliche Möglichkeiten bereit mit dem Ziel, eine eventuelle private Nutzung von den durch das Fahrzeug entstandenen betrieblichen Kosten abzuziehen.
Zunächst richten sich die steuerlichen Möglichkeiten nach dem Anteil der privaten und betrieblichen Nutzung, wobei man drei Kategorien unterscheidet:

- 0-10% betriebliche Nutzung: Fahrzeug gehört zum Privatvermögen
- 10-50% betriebliche Nutzung: Fahrzeug darf privat oder betrieblich zugeordnet werden
- 50-100% betriebliche Nutzung: Fahrzeug wir dem Betrieb zugeordnet

Wie groß jeweils der Anteil an privater und betrieblicher Nutzung ist, wird anhand eines Fahrtenbuchs ermittelt, welches für einen repräsentativen Zeitraum (drei Monate) geführt werden muss. Bei einem solchen Fahrtenbuch müssen alle Fahrten des Fahrzeugs aufgelistet werden und dabei Angaben wie das Datum der Fahrt, der Anfangs- und Endkilometerstand nach jeder Fahrt und der Grund für die Fahrt aufgezeichnet werden. Hieraus wird dann ein prozentualer Wert errechnet und das Fahrzeug einer der drei obigen Kategorien zugeordnet.

In den beiden Kategorien sind ab einer 10%igen betrieblichen Nutzung u.a. die folgenden Kosten absetzbar:
- Leasingrate
- Abschreibung nach AfA-Tabelle (bei gekauften oder finanzierten Fahrzeugen)
- Gezahlte Zinsen (bei finanzierten Fahrzeugen)
- Spritkosten
- Reparaturen und Wartungen
- Kfz-Steuer
- Versicherungsbeiträge

Nun gibt es für diese Kategorien zwei Wege, um dauerhaft die private und betriebliche Nutzung zu ermitteln, nämlich das bereits erwähnte Fahrtenbuch, welches man statt nur für drei Monate auch für sämtliche Fahrten innerhalb eines Steuerjahres führen kann und sich dann aufs gesamte Jahr eine prozentuale Aufteilung errechnen lässt. Den sich daraus ergebenden Prozentwert für die private Nutzung muss man wiederum als fiktive Einnahme gegenrechnen – er mindert also aus steuerlicher Sicht die anfallenden Kosten. Wurde das Fahrzeug also zu 30% privat genutzt und sind Kosten von insgesamt 1.000,- € monatlich angefallen, so werden bei der Gewinnermittlung die gesamten 1.000,- € als Betriebsausgaben angesetzt, aber gleichzeitig 300,- €als Einlage angerechnet, sodass sich insgesamt nur 700,- € gewinnmindern auswirken. Wer nicht alle Fahrten per Hand mühsam aufschreiben oder in eine Tabelle integrieren möchte, kann mittlerweile auch zu digitalen Fahrtenbüchern greifen, die ans Fahrzeug angeschlossen werden, automatisch jede Fahrt mit allen geforderten Angaben aufzeichnen und man nur noch später am PC oder sogar per App am Smartphone die Fahrten zuordnet.

Alternativ zur Fahrtenbuchmethode kann man ab einer betrieblichen Nutzung von mehr als 50% die unterstellte private Mitnutzung pauschal mithilfe der 1%-Regel errechnen, und muss dann kein Fahrtenbuch auf Dauer führen. Hierbei wird 1% des Brutto-Listenneupreises des Fahrzeugs und für die Fahrstrecke zur ersten Tätigkeitsstätte 0,03% monatlich abgezogen bzw. als Einlage angerechnet. Kostet ein solches Fahrzeug neu bspw. 50.000,- €, dann wären das 500,- € für die unterstellte private Nutzung. Dabei kommt es übrigens nicht auf den jetzigen aktuellen Wert an, sondern immer auf den Neuwert. Wer das gleiche Fahrzeug also gebraucht für bspw. 30.000, - € erworben hat, muss dennoch die 1% von den 50.000, - € Neuwert berechnen. Besonders bei schon etwas älteren Modellen, die ursprünglich einen sehr hohen Neupreis hatten, kann sich das sehr negativ auf die Kosten auswirken. Dazu wird dann wie erwähnt noch die Fahrstrecke vom Wohnort zum Betrieb mit 0,03% pro Kilometer der einfachen Entfernung angesetzt (unabhängig von der Häufigkeit dieser Fahrten) Bei einer Entfernung zwischen Wohnort und erster Tätigkeitsstätte von 10 km wären dies zusätzlich 150,- € (50.000,- € x 10 km x 0,03% = 150,- €). Im schlimmsten Fall bleibt dann nach der pauschalen Anrechnung beider Werte nichts mehr an absetzbaren Kosten übrig.

## Steuertipp 89

## Firmenfahrzeug: 30-Cent-Methode

Wie im vorherigen Steuertipp erklärt, gibt es unterschiedliche Methoden zur Ermittlung einer anteiligen privaten Nutzung. Bei einer betrieblichen Nutzung zwischen 10-50% eines Fahrzeugs besteht neben dem Fahrtenbuch auch noch die Anwendung der 30-Cent-Methode. Dabei dürfen 30 Cent für jeden betrieblich bedingt gefahrenen Kilometer pauschal angesetzt werden. Für Wege zwischen Wohnort und erster Tätigkeitsstätte ist allerdings nur die Entfernungspauschale für die einfache Entfernung mit 30 Cent pro km bzw. 35 Cent ab dem 21. Kilometer ansetzbar. Hierzu muss man zwar ebenfalls dann die betrieblichen Fahrten korrekt dokumentieren (Datum, Strecke, Grund), aber eben nicht die privaten Fahrten und man muss nicht unbedingt Einzelbelege (wie Tankquittungen, Rechnungen usw.) sammeln und aufbewahren. Diese Variante kann sowohl komfortabler und je nach Fahrzeug, Fahrzeugwert, den angefallenen Kosten, der betrieblich veranlassten Strecke und dem persönlichen Steuersatz durchaus günstiger sein.

Gehört das Fahrzeug zur untersten Nutzungskategorie mit einer betrieblichen Nutzung von maximal 10%, sind die anderen genannten Methoden ausgeschlossen und es bleibt nur für die wenigen betrieblichen Fahrten die hier beschriebene 30 Cent-Methode und für die Wege zur Betriebsstätte die Entfernungspauschale. Alternativ dürfte man aber auch statt der Pauschalwerte die tatsächlich entstandenen Kosten pro Kilometer errechnen. Dazu sind aber alle Belege wichtig und es müssen dann die Gesamtkosten durch die im Jahr gefahrenen Kilometer geteilt werden, wodurch sich ein Kostenbetrag pro km ermitteln lässt.

Eine genaue Abwägung der verschiedenen Varianten sollte immer frühzeitig vorgenommen werden, um später sowohl was die Zuordnung zu den drei genannten Nutzungskategorien und deren steuerlichen Bewertungs-Methoden Unstimmigkeiten mit dem Finanzamt zu vermeiden.

## Steuertipp 90

## Elektro- und Hybridfahrzeuge: 0,5%-/0,25%-Regel

Die Mobilitätswende in Deutschland soll weiter vorangetrieben werden und so wurden neben Förderprämien seitens der Politik auch steuerliche Anreize für die Anschaffung eines Elektro- und Hybridfahrzeugs geschaffen.

Bei solchen Modellen ist es unter Beachtung gewisser Grenzwerte und Vorschriften dadurch möglich nicht die im Steuertipp 88 genannte pauschale 1%-Regel zu nutzen, sondern nur 0,25% oder je nach Fahrzeug 0,5% des Neuwertes als errechnete fiktive Einnahme versteuern zu müssen. Für die Fahrten zwischen Wohnort und erster Tätigkeitsstätte ist der Wert von 0,03% auf 0,0075% oder je nach Fahrzeug (Einteilung siehe Tabelle) auf 0,015%. Je niedriger diese Einnahme für den privaten Nutzungsanteil ausfällt, umso weniger Steuern muss man hierfür bezahlen. Es kann sich also aus steuerlicher Sicht lohnen einen solchen, alternativen Antrieb bewusst für sein Fahrzeug zu wählen. Beispielrechnung:

Neuwert des Fahrzeugs 50.000,- €  → 1%-Regel = 500,- € fiktive Einnahme
→ 0,5%-Regel = 250,- € fiktive Einnahme
→ 0,25%-Regel = 125,- € fiktive Einnahme

Abhängig vom Steuersatz der Firma oder der selbständigen Person kann sich dadurch ein steuerlicher Vorteil von in unserem Beispiel effektiv 150,- € ergeben (40% Steuersatz auf 500,- € = 200,- € anfallende Steuer oder 40% Steuersatz auf 125,- € = 50,- € anfallende Steuer) plus dem Steuervorteil für die Fahrten zum Betrieb.

Nutzen dürfen dies (Gültige Werte ab Steuerjahr 2022):

| 0,25%-Regel | 0,5%-Regel |
|---|---|
| Reine Elektrofahrzeuge bis zu einem Listen-Neupreis von 60.000, - € | Reine Elektrofahrzeuge über einem Listen-Neupreis von 60.000,- € |
| | Plug-In-Hybride mit einem $CO_2$-Ausstoß von weniger als 50 Gramm/km |
| | Plug-In-Hybride mit einer rein elektrischen Reichweite von 60 km (ab 2025: von mindestens 80 km) |

## Steuertipp 91

## Eigen- und Ersatzbeleg

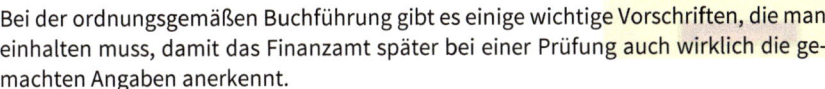

Bei der ordnungsgemäßen Buchführung gibt es einige wichtige Vorschriften, die man einhalten muss, damit das Finanzamt später bei einer Prüfung auch wirklich die gemachten Angaben anerkennt.

Einer der wichtigsten und für viele Firmeninhaber oder Selbstständige auch oft nervigsten Regeln ist dabei wohl: „Keine Buchung ohne Belege!"
Dieser Grundsatz führt regelmäßig intern, aber auch in der Kommunikation mit Steuerberatern und dem Finanzamt zu Unstimmigkeiten. Man sollte dementsprechend im Voraus sämtliche Belege aufbewahren, um spätere Schwierigkeiten zu vermeiden. Im Geschäftsalltag kann es aber natürlich durchaus vorkommen, dass gelegentlich ein Beleg nicht mehr auffindbar oder verschwunden ist. In einem solchen Fall besteht ausnahmsweise die Möglichkeit, einen sogenannten Eigenbeleg, als Ersatz selbst zu erstellen.
Folgende Punkte sollte dieser beinhalten:
* Aussteller der Rechnung mit vollständiger Anschrift
* Betrag, Zeitpunkt und Nachweis der Zahlung
* Bezeichnung des Artikels/Dienstleistung
* Grund für das Fehlen des Belegs
* Hinweis auf bei der Zahlung anwesenden Zeugen
* Datum und Unterschrift des Eigenbeleg-Ausstellers

Wichtig: Die Angaben müssen plausibel sein und ein Eigenbeleg sollte immer nur als letzter Ausweg verwendet werden (z.B., wenn eine Beschaffung einer Kopie des Originalbelegs nicht möglich ist oder unverhältnismäßig viel Aufwand bedeuten würde). Die Entscheidung, ob dieser Ersatzbeleg anerkannt wird, hat aber immer der zuständige Sachbearbeiter bzw. das Finanzamt.

Bevor man aber keine Buchung erstellen kann und dadurch absetzbare Kosten verschenkt, ist der Versuch sinnvoll.

## Steuertipp 92

## Steuerliche Beratung, Buchhaltungs- und Steuersoftware

Unabhängig vom Durchführungsweg der Buchhaltung, der Erstellung einer Steuererklärung und der Zuhilfenahme einer steuerlichen Beratung rund um den Betrieb oder die selbstständige Tätigkeit, dafür fallen üblicherweise Kosten an. Da sie durch die gewerbliche oder freiberufliche Tätigkeit ausgelöst wurden, sind sie folgerichtig als Betriebsausgaben absetzbar und mindern den zu versteuernden Gewinn.

Doch auch hier ist etwas Vorsicht geboten, denn es sind ausdrücklich nur die Kosten mit betrieblichem Zusammenhang berücksichtigungsfähig. Häufig ermittelt aber der Steuerberater nicht ausschließlich nur den Gewinn und führt die laufende Buchhaltung, sondern erstellt auch zusammenhängend gleich die Steuererklärung für die Inhaberin oder den Inhaber des Gewerbes oder die freiberufliche Person mit.
Der dafür insgesamt in Rechnung gestellte Betrag muss deshalb immer aufgeschlüsselt dargestellt werden und nur die betrieblich bedingten Kosten sind für die Firma als Betriebsausgaben absetzbar. Gleiches gilt für die Kosten einer Buchhaltungs- und Steuersoftware mit dessen Hilfe private Steuerbelange erledigt werden können und im Preis inbegriffen sind. Dort muss ebenfalls der Betrag aufgeschlüsselt werden und ist dann nur anteilig absetzbar.

Wer neben seiner gewerblichen Tätigkeit auch noch anderweitige Einkünfte erzielt, bspw. aus einer nichtselbstständigen Tätigkeit als angestellte Person, der kann unter Umständen die restlichen (auch privatbedingten) Kosten mithilfe der 100,- € Grenze absetzen (siehe Steuertipp 40).

## Steuertipp 93

## Geringwertige Wirtschaftsgüter

Anschaffungs- und Herstellungskosten für Waren, Dienstleistungen, Maschinen, Arbeitsmittel und Co. sind aufgrund ihres Zusammenhangs zur gewerblichen Tätigkeit als Betriebsausgaben absetzbar.

Doch nicht alle Anschaffungen werden steuerlich gleichbehandelt. So gibt es nämlich die sogenannten geringwertigen Wirtschaftsgüter, welche laut Definition selbstständig nutzbar und beweglich sein müssen und einen Nettoanschaffungsbetrag von 800,- € nicht überschreiten dürfen. Kosten, die für solche Güter entstanden sind, dürfen direkt im Jahr der Anschaffung als Betriebsausgabe abgesetzt werden.

Alle anderen Güter (unbeweglich oder teurer) müssen hingegen abgeschrieben werden, wodurch die Kosten auf die jeweilige Nutzungsdauer verteilt werden (mehr dazu im Steuertipp 94).

Eine Besonderheit ergibt sich in der Praxis häufig bei angeschafften PCs oder Laptops und den dazu gekauften ergänzenden Geräten. Steuerlich zählen die mit dem PC zusammen angeschaffte Tastatur und Maus, ein Drucker oder Scanner als Peripheriegeräte, die ja nicht ohne den Computer nutzbar, also selbstständig nutzbar sind. Die dafür angefallenen Kosten müssen dementsprechend den Anschaffungskosten des Computers angerechnet werden und alles zusammen darf dann die 800,- € Nettogrenze nicht überschreiten. Andernfalls müssen auch diese Güter zusammen abgeschrieben werden.

Wichtig: Als steuerliche Entlastung und Stimulierung der Wirtschaft darf mittlerweile seit dem Steuerjahr 2021 für Computer-Hardware, den Peripheriegeräten (Tastatur, Maus, Webcam usw.), externem Speicher, Drucker, Monitore und vielen weiteren Bestandteilen einer PC-Anlage unabhängig von der Höhe der Anschaffungskosten eine Nutzungsdauer von einem Jahr angesetzt werden.

## Steuertipp 94

## Abschreibung (AfA – Absetzung für Abnutzung)

Um die Wertminderung von Vermögenswerten, teuren Gütern, Grundstücken und Immobilien steuerlich geltend zu machen und damit Steuern zu sparen, wurden die sogenannten Abschreibungen geschaffen. Dabei sind die angefallenen Kosten nicht sofort in voller Höhe absetzbar, anders als bei den geringwertigen Wirtschaftsgütern, sondern müssen über mehrere Jahre verteilt werden. Die Anzahl der Jahre richtet sich nach der Art des Gegenstandes oder Vermögenswertes und wird in den sogenannten AfA-Tabellen regelmäßig festgelegt. Dies soll die Abnutzung und Haltbarkeit der jeweiligen Sache berücksichtigen. Ein teurer Aktenschrank für einen Nettobetrag von 3.000,- € ist ja nicht im Jahr nach seiner Abschaffung plötzlich wertlos und stellt auch nach einigen Jahren immer noch einen gewissen Wert dar. Aus diesem Grund muss man bspw. die Kosten für einen solchen Schrank als Büromöbel auf 13 Jahre verteilen und könnte in diesem Fall für ein ganzes Steuerjahr nur einen Betrag von 230,76 € (3.000,- € : 13 Jahre = 230,76 € pro Jahr) absetzen. Ein noch beständigerer Stahlschrank hat laut AfA-Tabelle sogar eine Nutzungsdauer von 20 Jahren. Mobilfunkgeräten wird hingegen nur eine steuerliche Nutzungsdauer von fünf Jahren unterstellt. Das Bundefinanzministerium veröffentlicht regelmäßig die entsprechenden Tabellen auf seiner Homepage.

Wichtig: Im Anschaffungsjahr darf die Abschreibung nur zeitanteilig vorgenommen werden. Wurde ein Gut am 05.07. eines Jahres angeschafft, so kann man für dieses Jahr nur anteilig den halben Wert bzw. 6/12 ansetzen. Bei einer Anschaffung Mitte April muss man die vorherigen drei ganzen Monate in Abzug bringen und könnte 9/12 des eigentlichen Abschreibungsbetrages absetzen.

## Steuertipp 95

## Geschenke an Geschäftspartner und Kunden

Geschenke an Geschäftspartner und Kunden gehören immer noch zum guten Ton in der Geschäftswelt. Damit diese Geschenke aber auch seitens der Finanzbehörden anerkannt werden, muss man gewisse Punkte beachten. An oberster Stelle steht dabei die Feststellung, dass Geldleistungen keine Geschenke im steuerlichen Sinn darstellen. Außerdem darf keine Gegenleistung an ein Geschenk geknüpft sein und es gelten Wertgrenzen. Die unterste Grenze stellen dabei Geschenke bis zu einem Betrag von 35,- € dar, welche für den Schenkenden vollständig als Betriebsausgaben absetzbar sind. Wird die 35,- € Grenze pro Person innerhalb eines Jahres auch nur um einen Cent überschritten entfallen sämtliche Abzugsmöglichkeiten komplett.
In der Praxis anerkannte Geschenke sind z.B.:
- Blumen, Spirituosen und Süßigkeiten
- Gutscheine und Wertkarten
- Theater- und Eintrittskarten
- Schreibgeräte und Kalender (ausgenommen Werbeartikel, diese sind Betriebsausgaben ohne fallen nicht unter den Begriff „Geschenk")

Darüber hinaus kann aber auch ein deutlich teureres Geschenk absetzbar sein, wenn dieses nämlich für den Beschenkten ausschließlich betrieblich nutzbar ist. Schenkt bspw. ein Arzt seinem Kollegen eine medizinische Fachbuchreihe für 500,- € oder ein Getränkelieferant seinem langjährigen Kunden (Gastrobetrieb) eine 2.000,- € teure Gastro-Kaffeemaschine mit Werbelogo, so kann auch dies als absetzbares Geschenk gelten und sowohl als Betriebsausgabe und auch umsatzsteuerlich anerkannt werden. Allerdings muss dieses Geschenk angemessen und verhältnismäßig sein.

Wichtig: Handelt es sich beim Beschenkten nicht um eine Privatperson, sondern ein Unternehmen oder einen Unternehmer, muss der Schenker hierfür eine Pauschalsteuer in Höhe von 30% + Solidaritätszuschlag und eventueller Kirchensteuer ans Finanzamt abführen, ansonsten stellt der Wert eine steuerpflichtige Betriebseinnahme beim Gegenüber dar. Gezahlte Pauschalsteuer kann der Schenker ebenfalls absetzen.

113

## Steuertipp 96

## Aufmerksamkeiten (aus betrieblicher Sicht)

Neben den gerade besprochenen Geschenken mit den dazugehörigen Wertgrenzen und Vorschriften, gibt es im Steuerrecht auch noch die sogenannte Aufmerksamkeit. Dabei darf es sich wiederum nicht um Geld handeln und es muss im Falle einer Aufmerksamkeit an eine Mitarbeiterin oder einen Mitarbeiter diese zusätzlich zum Gehalt gewährt werden. Des Weiteren bedarf es hierzu einem besonderen Anlass für diese Zuwendung. Das können z.B. folgende Anlässe sein:

- der Geburtstag
- ein rundes Firmenjubiläum,
- die Geburt, Einschulung oder Taufe eines Kindes
- Hochzeit
- Beförderung
- Umzug

Weihnachten und Ostern zählen nicht dazu.

Sind diese Punkte gegeben, so darf der Betrag für eine solche Aufmerksamkeit 60,- € betragen und das pro Anlass. Gibt es in einem Monat zwei oder mehr Anlässe auf einmal, so dürfen theoretisch mehrfach 60,- € „verschenkt" werden.

Die Kosten für solche Aufmerksamkeiten an Geschäftspartner und Mitarbeiter (siehe Steuertipp 10) können komplett von der Steuer als Betriebsausgaben abgesetzt werden und es muss außerdem keine Pauschalsteuer in Höhe von 30% abgeführt werden, um diese steuerfrei für den Empfänger zu machen (selbst wenn die Aufmerksamkeit an einen Geschäftspartner oder Unternehmer zugewendet wird).

Wichtig: Wird der Betrag aber auch nur um 1 Cent oder mehr überschritten, entfallen auch hier die steuerlichen Vorteile.

## Steuertipp 97

## Sachzuwendungen (bis 10.000,- €)

Im Steuertipp 9 habe ich die vielen Vorteile der sogenannten Sachzuwendung an Mitarbeiterinnen und Mitarbeiter bereits aus deren Sicht dargestellt. Für das Unternehmen stellen die damit verbundenen Kosten wiederum Betriebsausgaben dar, worauf keine Steuern und Sozialabgaben auf Unternehmensebene gezahlt werden müssen. Zusätzlich zeige ich jetzt, wie man auch bis zu 10.000, -€ pro Jahr an Sachzuwendungen nutzen kann, und das sogar ebenfalls als absetzbare Betriebsausgabe. Auch hierfür gelten die Bedingungen, dass es keine direkte Geldleistung sein darf und zusätzlich zum Lohn gezahlt werden muss.

Grundsätzlich muss es sich dabei auch immer noch um eine betrieblich veranlasste Sachzuwendung handeln, nur mit dem Unterschied, dass der zuwendende Betrieb auf diesen Betrag freiwillig die Pauschalsteuer in Höhe von 30% + Solidaritätszuschlag + eventuelle Kirchensteuer zahlt. Hierzu mal ein vereinfachtes Beispiel:

Eine Inhaberin (Gesellschafterin) ist gleichzeitig auch angestellte Geschäftsführerin ihrer GmbH und lässt sich Sachzuwendungen in Höhe von 7.500,- € innerhalb eines Jahres zukommen. Dieser Betrag ist für sie in der Rolle der Geschäftsführerin komplett steuer- und sozialabgabenfrei.

Anders als bei den sonst gängigen 50,- € im Monat, muss ihr Betrieb nun aber die Pauschalsteuer abführen (30% + Solidaritätszuschlag), was eine Pauschalsteuer von 2.373,75 € und eine Gesamtbelastung für die Firma von 9.773,75 € bedeutet. Diesen Betrag kann die Firma wiederum vollständig als Betriebsausgaben absetzen und spart sich darauf Gewerbe- und Körperschaftssteuer, was circa ebenfalls 30% ausmacht und die Gesamtbelastung auf Firmenebene auf nur noch 6.841,62 € drückt. Mit einem finanziellen Aufwand für ihren Betrieb von unterm Strich knapp 6.800, - € hat sie es so geschafft, sich selbst steuerfrei 7.500,- € als Sachwert zukommen zu lassen. Würde sie diesen Betrag hingegen als Lohnbestandteil in Form einer Bonuszahlung erhalten, so müsste der Betrieb durch Lohnsteuer und Sozialabgaben je nach sonstigen Einkommen rund 15.000,- € aufwenden. Selbst mit der 30%igen Steuerersparnis als Firma, hätte der Aufwand dann immer noch rund 10.500,- € betragen. Insgesamt betrachtet also ein finanzieller Vorteil von 3.700,- €.

## Steuertipp 98

## Bewirtungskosten

Ein Geschäftsessen kann bestehende Kunden- und Geschäftsbeziehungen stärken oder auch bei der Gewinnung neuer Kunden helfen und die Firma dadurch voranbringen. Solange also für ein Essen eine geschäftliche Veranlassung oder ein betrieblicher Bezug besteht, können Kosten für die Bewirtung ebenfalls als Betriebsausgaben abgesetzt werden.
Wie so oft in unserem Steuerrecht muss man aber auch hier sowohl was die Form der Belege als auch die anteiligen Summen angeht, achtsam sein.
So werden immer nur 70% der für das Geschäftsessen oder die Bewirtung angefallenen Gesamtkosten wirklich steuermindern akzeptiert bzw. wirken sich steuerlich aus. Anteile für das eigene Essen und Trinken (z.B. des Geschäftsführers, Verkäufers oder Mitarbeiter der Firma selbst) müssen übrigens nicht abgezogen werden. Weiterhin gilt auch hierfür der Grundsatz der Angemessenheit. Der Einzelunternehmer mit einem Jahresumsatz von 40.000,- € und einem zu versteuernden Gewinn von 19.000,- € wird eine Geschäftsessen in einem Drei-Sterne-Restaurant für 500,- € mit einem Kunden deutlich schwieriger abgesetzt bekommen als ein Architekten-Büro, welches einen neuen Großauftrag im Wert von 700.000,- € an Land ziehen möchte und dafür die beiden sehr wohlhabenden Bauherren einlädt.
Bewirtungen von Geschäftspartnern, Kunden und Mitarbeitern auf einer Betriebsfeier werden nicht auf 70% gekürzt und sind zu 100% absetzbar.

Sämtliche Belege in diesem Bereich der Bewirtung sollten eine gewisse Form einhalten und neben den Speisen, Getränken und dem Rechnungsbetrag immer zusätzlich den Ort, den Tag, den Grund und die bewirteten Personen beinhalten, um wirklich akzeptiert vom Finanzamt akzeptiert zu werden.

Wichtig: Das tägliche Mittagessen des Inhabers ohne klare betriebliche Veranlassung in seinem Lieblingsrestaurant oder am Imbiss zählt zu den Eigenbewirtungen und Kosten der privaten Lebensführung, welche nicht als Betriebsausgaben absetzbar sind.

## Steuertipp 99

## Verlustvortrag

Natürlich möchte man mit einem Unternehmen oder einer freiberuflichen Tätigkeit auch seinen Lebensunterhalt bestreiten oder vielleicht sogar finanziell erfolgreich werden. Leider klappt dies aber nicht immer und es kann sein, dass besonders nach einer Neugründung in den ersten Jahren oder aber durch andere Faktoren am Ende des Jahres steuerlich betrachtet ein Verlust zu Buche steht. Teilweise kann dieser auch bewusst in gewissen Investment-Steuersparmodellen erzeugt werden oder aber auch im Rahmen eines Studiums/Folgeausbildung entstehen (selbst bei Privatpersonen – siehe hierzu auch Kapiteleinleitung „Studium, Ausbildung und Fortbildung").

Unabhängig vom Grund für den errechneten Verlust in der Steuererklärung oder dem Jahresabschluss, kann dieser Wert ins nächste Steuerjahr übertragen werden und dort helfen Steuern zu sparen. Hat man bspw. im vorangegangenen Steuerjahr einen Verlust von 5.000,- € gehabt und nun im neuen Steuerjahr wiederum einen Gewinn oder zu versteuerndes Einkommen von eigentlich 30.000,- €, dann wird davon der mitgenommene Verlust abgezogen und es sind in diesem Fall nur 25.000,- € zu versteuern. Dabei können Verluste bis 1 Mio. Euro komplett und darüber hinaus nur zu 60% von den anderen Einkünften abgezogen werden. Sollte außerdem der Fall eintreten, dass auch im neuen Steuerjahr wieder ein Verlust erzielt wurde, so addieren sich die beiden Werte und können dann wiederum ins folgende Jahr mitgenommen werden. Insgesamt darf man dabei einen Verlust bis zu sieben Kalenderjahre rückwirkend erklären.

Wichtig: Der Verlustvortrag wird automatisch vom Finanzamt berücksichtigt, wenn es dazu schon einen Steuerbescheid gibt, in dem ein Verlust festgestellt wurde. Damit aber auch die eigene Steuerberechnung in der elektronischen Steuererklärung einen korrekten Wert anzeigt, kann man den Verlustvortrag in der Anlage Sonstiges auch manuell eintragen.

## Steuertipp 100

## Verlustrücktrag

Ein steuerlicher Verlust kann sowohl in die Zukunft (VORtrag) als auch in die Vergangenheit (RÜCKtrag) mitgenommen werden und sich dort einkommensmindernd auswirken.

Besonders in den letzten zwei Jahren hat dieser sogenannte Verlustrücktrag eine noch wichtigere Bedeutung bekommen, weil in dieser Zeit auch viele vorher sehr gut laufende Geschäfte und Firmen nun plötzlich Verluste erzielten. Um zumindest steuerlich für Entlastung zu sorgen, wurden die Möglichkeiten einen entstandenen Verlust in frühere Geschäftsjahre zurückzutragen verbessert und die Summenbegrenzungen von 1 Mio. auf 10 Mio. angehoben. Dies gilt für die Steuerjahre 2020 und 2021 – ab dem Steuerjahr 2022 sind wieder die alten Summenbegrenzungen von 1 Mio. bzw. 2 mio. für zusammenveranlagte Ehepaare und eingetragene Lebenspartnerschaften gültig. Neben diesen bereits per Steuerbescheid festgestellten Verlusten, die man in das vorherige Steuerjahr übertragen kann und die dann dort die zu versteuernden Einkünfte oder Gewinne reduzieren, gibt es außerdem noch die Chance des vorläufigen Verlustrücktrags. Nehmen wir an, der Gewinn lag im Steuerjahr 2020 bei 100.000,- €. Nun steht der Gewinn oder Verlust für 2021 noch nicht fest, da noch kein Steuerbescheid erstellt wurde. Durch den vorläufigen Verlustrücktrag dürfen nun pauschal aber schon 30% der vorherigen Einkünfte (30% von 100.000,- € = 30.000,- €) als voraussichtlicher Verlust ins Jahr 2020 zurückgetragen werden. Die zu zahlende Steuer wird dann dort neu berechnet und bezieht sich jetzt nur noch auf 70.000,- €, wodurch man gezahlte steuern wiederbekommt und auch die Steuervorauszahlungen gesenkt werden. Sollte dann für das Jahr 2021 ein höherer oder niedriger tatsächlicher Verlust festgestellt werden, werden die Werte entsprechend korrigiert.

Wichtig: Der Verlustrücktrag wird nicht automatisch vom Finanzamt berücksichtigt und muss beantragt werden.

## Schlusswort – Mein Wunsch an Dich

Das waren 100 meiner persönlichen Lieblingssteuertipps, die dir in Zukunft dabei helfen können, eine schnellere Steuererklärung zu erstellen und im Idealfall weniger Steuern zahlen zu müssen.

Natürlich ist die Welt der Steuern riesig und es gibt noch viele weitere wissenswerte Informationen dazu, die es nicht in dieses Buch geschafft haben. Wenn du in Zukunft weitere Informationen zum Thema Steuern und auch zu anderen finanziellen Bereichen kostenlos erhalten möchtest, dann folge mir doch gern auf unserem YouTube-Kanal „Finanznerd", den du direkt über diesen QR-Code erreichen kannst:

Hier findest du regelmäßig neue Videos und ganz konkrete Anleitungen zu vielen Punkten aus diesem Buch und auch allgemein zur Steuererklärung.

Es würde mich freuen, dich und deine Finanzen in Zukunft weiterhin unterstützen zu dürfen.

Da ich aus eigener Erfahrung weiß, wie undurchsichtig und verwirrend die Welt der Steuern sein kann, habe ich ganz bewusst versucht, auf Fachbegriffe zu verzichten und jeden Tipp so kompakt und verständlich wie möglich darzustellen. Aus diesem Grund kann es an der einen oder anderen Stelle sein, dass erwähnte Regelungen und Randinformationen nicht bis ins letzte Detail dargestellt sind oder auch mal Sonderregelungen weggelassen wurden. Außerdem beruhen die Daten und Werte aus diesem Buch auf den aktuellen Regelungen zum Steuerjahr 2021 und es sind auch schon die entsprechenden Neuerungen, welche bislang 2022 in Kraft getreten sind, berücksichtigt. Jedes Jahr ändern sich Werte und auch die Formulare in der Steuererklärung, sodass es durchaus möglich ist, dass gewisse Eintragungen jetzt anders gemacht werden als in den vorherigen Jahren. Nutze unbedingt auch den Aktualisierungsservice (siehe Link und Zugangscode am Buchanfang), um Veränderungen und neue Werte auf einer übersichtlichen Homepage angezeigt zu bekommen.

Nun hoffe ich, dass für dich viele wertvolle Tipps dabei waren und du vielleicht sogar mit frohem Mut an deine nächste Steuererklärung herangehen kannst – es lohnt sich!

HƏUFE.

Ihr Feedback ist uns wichtig!
Bitte nehmen Sie sich eine Minute Zeit

www.haufe.de/feedback-buch